佛光祈愿文

星云大师——著

人民东方出版传媒
東方出版社

佛光祈愿文

目录

【自觉·行佛】悲智愿行

【自觉·行佛】慈悲喜舍

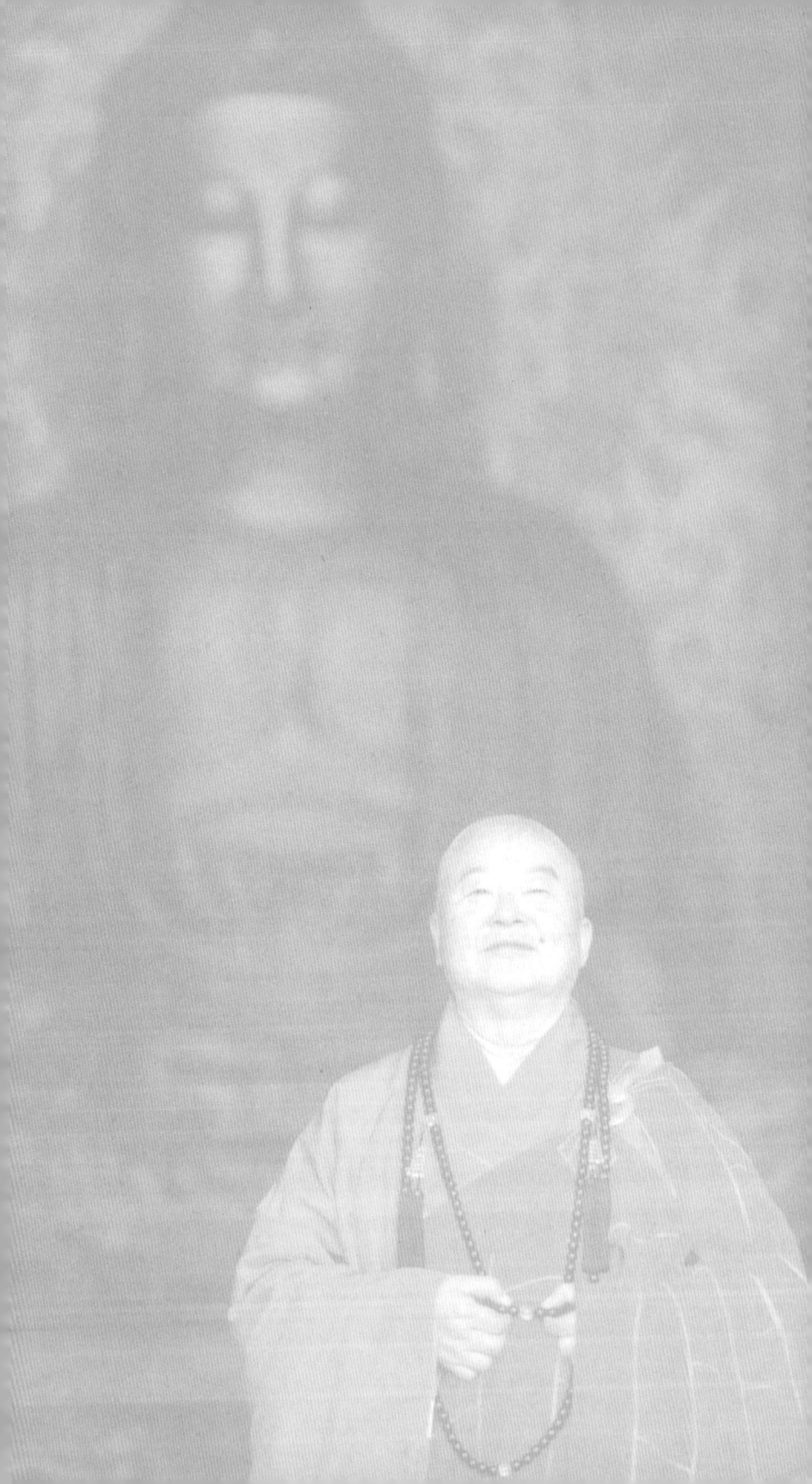

【自序】

祈愿，是一种修行

星云

六十年前，就是一九三九年的春天，我在栖霞山剃度，那年是十二岁。我经常在更深夜静的时候，独自跪在佛堂里，向佛陀及观世音菩萨祈求聪明智慧、祈求加持护助，感觉「祈愿」的修行，增加了自己的力量，增长了自己的信心。所以，出家六十多年来，一个甲子的岁月，「祈愿」一直是自己每天必有的修行。

「祈愿」又称「祈祷」，「祈祷」本来就是各个宗教都有的仪式。我从小在丛林古寺里，初一十五也有正式的「祈祷」。只是当时的「祈祷文」，文长意深，实非初学者所能领会。因此，自己只有依照老师的指导，在早晚祈愿：「悉发菩提心，莲花遍地生，弟子心朦胧，礼拜观世音，求聪明，拜智慧……」从此在我心中就许下了一个心愿，我愿为全佛教、全社会撰写一套普为大众所通用的「祈愿文」。

多年来，我曾经试着在盛大的法会中，以及在喜丧婚庆的典礼时，甚至在「家庭普照」的时候，为当事者祈愿。因为有感于过去中国大陆对佛菩萨宣读的「文疏」，以及中国台湾的「表章」，都是要有腔调的来朗诵，非一般人所能为。因此，我采用口语化的「祈愿」，一直都觉得效果很好。后来在世界各地，佛光弟子们纷纷抄录，用来作为各种集会的祈愿，一般人都说「感人至深」。

梵呗经声，本来就是佛弟子与诸佛菩萨沟通的桥梁，「祈愿」也是佛弟子们表达心中诸多感动的方法。「祈愿」就是对信仰的希望，生活中要靠发愿，人间才有希望，人生才能增上，人格才能圆满完成。普贤菩萨的十大愿、观世音菩萨的十二大愿……菩萨们不都是靠愿力才能完成佛道的吗。

一般人祈愿，莫不为自己而求。我在二十岁以前，也跟一般人一样，总是祈求佛陀加持我，让我聪明，让我进步，让我能冲破一切难关，让我能顺利学佛求道。

到二十岁以后，我从佛学院结业出来，忽然觉得每天都是为自己向诸佛菩萨求这求那，岂不太自私了吗？自此以后，我就改为替父母师长、亲朋好友，乃至为有缘信徒而祈求，愿他们身体平安、福慧增长。

慢慢地，到了四十岁以后，有一天，我反观自照，发现这仍然是一种自私的贪求。因为所求都是「我的」师长、「我的」父母、「我的」朋友，不尽如法。于是从四十岁到五十岁，我的祈愿又有了一番突破，我开始为世界和平、国家富强、社会安乐、众生得度而求。这个时候，自觉自己是在实践《华严经》所说的「但愿众生得离苦，不为自己求安乐」。

当五十岁过去的时候，我又忽然心有所感：每天都要求佛菩萨为世界、为社会，那我自己是做什么的呢？所以，五十岁以后，我开始祈求诸佛菩萨，让我来代替天下众生负担业障苦难，让我来承受世间人情的辛酸冷暖，让我来实践佛陀的大慈大悲，让我来学习如来世尊的示教利喜。

发心立愿不是口号，是一种修行、实践。当初发愿撰写的「祈愿文」，经弟子满果、满义、满济、觉了、妙广等协助收录，如今终于「完成所愿」，即将出版流通。目前澳洲南天寺已经率先用来作为早晚课诵，新加坡的佛光缘则制作成CD流通，世界其他地方也都纷纷搜集印行。为了统一版本，请佛光山宗务委员会责成香海文化印制发行，方便有缘人运用。现在又由东方出版社出版简体版，在大陆发行。希望大家每天不拘什么时候，尤其能在早晚各诵一篇，借以自我升华信心、增进慈悲道德，能和诸佛菩萨交流，体会社会大众的需要。当然，我很希望这本《佛光祈愿文》能成为居家修行的课本。今因流通在即，故录其缘起如上。

星云　于佛光山法堂

公元二千年六月（佛光三十四年）

【推荐序】

高瞻远瞩　人间行者

單國璽

人类面对生老病死、天灾地祸以及生命财产随时都有丧失的危机时，就会感觉自身的渺小无能，自然就会向超越的神明求助。这就是祈祷或祷告。各种宗教的教义、教规、礼仪等虽然不同，但是大家都强调祈祷的重要性，并且认为祈祷是人和神明接触的捷径，也是向神明倾诉的正常管道。

有高深修行的人士祈祷时，不一定运用人间的语言或文字。他们大都会运用心灵与神明沟通共融。但是，一般信徒大都不会运用心灵与神明默会沟通，更不会和神明心心相印，达到与神明共融合一的境界。为这个缘故，需要贤者撰写成套的祈愿文，协助一般信徒，在各种环境及需要中能够向神明祈祷。

佛光山开山宗长星云大师鉴于一般佛光信徒，在急遽变化、动荡不安的社会中，亟需更多安定祥和的力量，便在百忙中抽空撰写了《佛光祈愿文》一书，以便在各种环境和急需中能够诵念，而获得心灵的安定与祥和。

星云大师是一位高瞻远瞩的先知先悟者。他以「人间佛教」的标杆揭开了佛教史上的大革新。他不但改变了一般人对佛教呆板传统的观念：认为佛教僧尼都是在山野丛林中独善其身的人，而且大师也让佛教内外焕然一新，充满了活力。对内竭力培育高学历的出家人，对外则广结善缘、兴办高等学府及媒体事业等机构，并派遣法师宏扬佛法于五大洲。在短短几十年内做出如此辉煌的成就，确实令人钦佩。大师不但成就了名垂千古的伟大事业，而且细心体恤人类疾苦，因而撰写了《佛光祈愿文》一书。

星云大师另一特长，是能够将深奥的佛法哲理，运用人人能够懂的浅白语言或文字表达出来。听大师说法，不但不会干枯乏味，反而是一种享受。因为他不但妙语连珠，而且还夹杂着许多有趣的故事。《佛光祈愿文》就是用浅白易懂的文字写出的，其针对人间各种环境及需要，能够帮助人获得心灵的解脱和安祥。为此，我向佛教徒诚恳地推荐这本祈愿文。

单国玺　天主教枢机主教

二〇一〇年十二月十五日序于高雄静居

001

为父母亲友祈愿文

慈悲伟大的佛陀！
所谓：
「树欲静而风不止，
子欲养而亲不待。」
我的亲人长辈，
有的已经世缘已了，
有的依旧安然健在。
只是，我惭愧忏悔：

我对我的亲人缺乏孝养，
我对我的长辈很少回馈。
慈悲伟大的佛陀！
回想自从我哇哇出生之后，
父母生我育我，
亲人教我养我，
我只有受之于他们，
却很少给予报答。

我哭泣的时候，
　他们给我欢喜；
我失望的时候，
　他们给我鼓励；
在衣食住行上，
　他们给我呵护；
当苦难挫折时，
　他们给我安慰。
乌鸦还知反哺，
羔羊尚且跪乳，
我对于父母的孝养，
难道都不如这些禽兽懂事？

佛陀！
您也曾经亲自为父担棺，
您也曾经跋涉为母说法；
我忝为您的弟子，
　却愧对您的教诲。
请您赐给我信心力量，
我愿光耀过往的先人，
我愿引导在世的亲族；
请您庇照我的父母亲人，
让他们能够福寿康宁，
让他们能够平安自在。
假如我拥有荣耀，

希望能和他们分享；
假如我拥有富足，
希望他们也不匮乏。
祈求您，
让我拥有的一些岁月，
能为我的亲人奉献；
让我心中的一点微忱，
能获得尊长的认可。
慈悲伟大的佛陀！
请您满足弟子的一片愚诚，
请您满足弟子的一片愚诚。

图　李自健

002

为父母寿辰祈愿文

慈悲伟大的佛陀！
今日欣逢我父亲（母亲）的寿辰，
请您接受弟子为我父母的祈愿。
慈悲伟大的佛陀！
我的父母年长了，
他们为了家庭，为了子女，
数十年来的付出，
却从未要求回报。

今日我要把孝心，
奉献给我的父母。
请求佛陀您的证盟加持，
我愿以我的生命，
我愿以我所有的一切，
献给我的父母，
让他们健康长寿，
让他们欢喜自在。

慈悲伟大的佛陀！
我要在您的座前，
向我的父母告白我的心情：
我最敬爱的父母啊！
是您们的血乳，赐给我色身；
是您们的爱心，孕育我成长；
是您们的辛劳，换来我所有；
是您们的鼓励，陪伴我一生。
慈悲伟大的佛陀！
父母之恩，
天高地厚。
我要祈求您，佛陀！

加持我的父母，
远离老病的恐惧，
远离灾难的遭遇，
远离人事的烦恼，
远离怨家的陷害。
我更祈求伟大的佛陀，
请您慈悲加被，
让我有力量为人间奉献，
让我有真诚为大众服务，
我只想以此愚忱，
回向给我父母——
能够护持三宝，亲近善友；

能够深入佛法，受人爱戴；
能够业障消除，身心和乐；
能够福慧增上，吉祥安康。

佛陀！
容我再一次地祝福我的父母，
愿在您的佛光加被之下，
　无量寿，无量福。
慈悲伟大的佛陀！
请您接受我虔诚的祈愿，
慈悲伟大的佛陀！
请您接受我虔诚的祈愿。

图　李自健

003

为丈夫祈愿文

慈悲伟大的佛陀！
请容弟子在此向您倾诉：
身为一个女人，
和另外一个男人组织新的家庭，
生养了几个儿女，
种种的辛酸苦楚，真是难以言尽。
尤其对于丈夫的挂念，晨昏难忘。
今天我要至诚地向佛陀祈愿：

希望丈夫不要为聚财而奔忙，
应该有些道德的修养；
希望丈夫不要只靠能干处世，
应该以慈悲厚待他人；
希望丈夫不要只为事业打拼，
应该兼顾身心的健康；
希望丈夫不要只顾对外应酬，
应该注重家庭的和乐；

希望我的丈夫除了爱护妻儿，
　　也要爱护他人的父母亲属，
甚至爱护所有人类、所有众生。
希望我的丈夫在努力工作之余，
　　也留一点时间给妻子儿女，
　　让家人享受到幽默风趣的生活，
　　让家人享受到团聚幸福的温馨。
慈悲伟大的佛陀！
希望所有做丈夫的人都能知道：
当你工作繁重的时候，
　　你的妻儿对你致以
崇高的敬意；

当你奔波忙碌的时候，
　　你的妻儿为你献上
诚挚的祝福；
当你遇到挫折的时候，
　　你的妻儿将你视为
伟大的英雄；
当你风雨未归的时候，
　　你的妻儿都在家中
倚门而望。
慈悲伟大的佛陀！
祈求您让我的丈夫，
不要执著权势名利，

让他明白——
　平凡就是伟大，
　无求就是崇高，
不要贪求声色犬马，
让他懂得——
　糟糠才是长久，
　平安才是美好。
请您赐给我的丈夫福寿健康，
请您赐给我的丈夫平安吉祥。
慈悲伟大的佛陀！
请您接受我至诚的祈求，
请您接受我至诚的祈求。

图　李自健

004

为妻子祈愿文

慈悲伟大的佛陀！

我已经是一个有家室的人了！

我知道我的妻子生儿育女的辛苦，

我知道我的妻子洗涤洒扫的操劳。

我的妻子是世间少有的贤惠女子，

她为了我的欢喜与爱好，

　放弃了自己的兴趣与抱负；

她为了我的需要与理想，

　舍弃了自己的拥有与执著。

每当我回家，她总是温言慰问；

每当我回家，她总有美味佳肴；

每当我回家，她必然关怀呵护；

每当我回家，她一定劝勉鼓励。

她为了顾全我的体面，

　节衣缩食，为我添置衣物；

她为了增进我的健康，

经年累月，为我护理保健；
她为了讨好我的家人，
美语良言，忍受诸多委屈；
她为了成就我的事业，
时时刻刻，为我分忧解劳。
慈悲伟大的佛陀！
一个家庭，
女主人占有重要地位，
一个丈夫，
贤妻是不可缺的角色，
一群儿女，
慈母就是他们的力量，

一个男人，
家庭是他生活的中心。
在「家」的小天地里，
妻子拥有举足轻重的地位，
她的微笑是全家的太阳，
她的声音是全家的音乐，
她的爱语是全家的和风，
她的臂膀是全家的依靠。
慈悲伟大的佛陀！
假如我不能时常陪伴身旁，
希望她能理解我的苦衷；
假如我的薪水不够家计，

希望她能体谅我的能力。
慈悲伟大的佛陀！
希望您加被我的妻子，
让家庭成为她的小宇宙，
让家庭成为她的好伴侣。
慈悲伟大的佛陀！
请求您接受我至诚的祈愿，
请求您接受我至诚的祈愿。

图　李自健

005

为孕妇祈愿文

慈悲伟大的佛陀！

弟子怀着祝福的心向您祈愿，

祈愿即将做母亲的孕妇们，

都能获得佛陀您的加被，

因为，

一个即将做母亲的孕妇，

她们有患得患失的心情，

她们有生男生女的挂碍。

希望您施给她们无畏的勇气，

希望您赐予她们无惧的信心。

孕妇，这些即将做母亲的人，

她们忍耐十月怀胎的茹苦含辛，

她们忍耐多少晨昏的身心不适；

她们用青春岁月

换来新生命的形成，

她们用血液

辛苦浇灌新生命的长大。

甚至于

她们忘记为自己的容貌装扮，

只为了殷殷期盼新生命的到来。

慈悲伟大的佛陀！

即将降诞人间的新生儿，

需要慈母的胎教，

所以祈求您

赐给这些待产的母亲们——

慈和柔软的气质，

安详娴静的个性，

明理通达的美德，

自在安然的心情。

伟大的佛陀！

让她们减少身体的痛苦，

让她们远离身心的压力，

让她们拥有亲友的照顾，

让她们得到生产的平安。

慈悲伟大的佛陀！

让孕妇们所生的男孩白胖乖巧，

让孕妇们所生的女孩美丽端庄；

让她们的新生儿，

都能感受母亲如山高般的恩情，

都能领略母亲如春晖般的贤德，

更祈求佛陀您加持这些孩子，
　将来能继承母亲的信仰，
　将来能担当家族的传灯，
慈悲伟大的佛陀！
祈求您赐福给天下的孕妇，
　临盆的时候无痛无恼，
　生产的时候无惧无畏；
让新生儿，
　平安地降诞人间；
让好宝宝，
　快乐地与世见面。

慈悲伟大的佛陀！
请求您接受我诚恳的祈愿！
请求您接受我诚恳的祈愿！

图　李自健

006

为新生儿祈愿文

慈悲伟大的佛陀！
我虔诚地告诉您：
一个新的生命诞生了！
我儿〇〇来到了人间，
祈求在您的加被之下，
孩子无灾无难，
身心健康；
孩子昼夜吉祥，
平安长大；
孩子聪明慧解，
学习无碍；
孩子福德具足，
众人喜爱。
慈悲伟大的佛陀！
请您赐给孩子幸福的果实，
但也可以给他少许的

挫折和磨炼；
请您赐给孩子荣耀的奖励，
但也可以给他少许的
考验和担当；
请让孩子要有感恩他人的付出，
请让孩子要有惭愧自我的反省，
请让孩子要有培养回馈的美德，
请让孩子要有正知正见的信仰。
慈悲伟大的佛陀！
希望他将来在家庭里，
能成为一个诚信孝顺的儿女；
希望他将来在学校里，
能成为一个尊师重道的学生；
希望他将来在工作里，
能成为一个勤奋谦让的君子；
希望他将来在佛教里，
能成为一个护持三宝的信徒。
慈悲伟大的佛陀！
祈求您的加被，
当孩子在挫败的时候，
请您给他信心和勇敢，
不要让他伤心和叹息；
当孩子在困顿的时候，
请您给他智慧和力量，

不要让他悲哀和失望。
佛陀！慈悲伟大的佛陀！
这一点心，
希望能遍及三千大千世界；
这一个愿，
希望能达于无量际的未来。
这个幼小的生命啊！
千万不能让他失落天真的本性，
这个幼小的生命啊！
千万不能让他失落善美的真情。
慈悲伟大的佛陀！
这是弟子真挚的祈求，
请您垂慈纳受；
请您垂慈纳受。

图　李自健

007

为少女祈愿文

慈悲伟大的佛陀！
女性的一生以少女的时光最宝贵，
有人形容她们是初开的蓓蕾，
天真无邪；
有人形容她们是未熟的苹果，
青涩稚嫩。
正因为如此，
她们也容易被邪恶所引诱，
她们也容易受环境的影响。
您看！
有的少女因交友不慎，受到摧残，
有的少女因甜言蜜语，为人所骗，
有的少女因涉世未深，不幸失足，
有的少女因爱慕虚荣，误入歧途，
祈求佛陀您庇佑普天之下的少女，
让她们的身心安全不受迫害，

让她们的纯洁热忱保持长久，
佛陀！
即使一朵小小的蓓蕾绽放花卉，
也能吐露芬芳，给人欢喜；
更何况青春年华的少女，
她们拥有丰富的梦想，
她们具备灵敏的心思，
像中外历史上的伟大女性——
诺贝尔奖得主的居里夫人，
是物理学的先驱；
护士之母的南丁格尔，
像观音般的圣洁；

还有续修史书的班昭、
代父从军的木兰；
由于她们在少女时代，
立定远大的志向，
所以成就了一生不朽的事业。
佛教的历史中，
更不乏大愿大行的少女——
慈童少女发愿代众受苦，
光目少女发愿累劫度众，
月上童女说法度众，
银色童女赈济饥荒。
她们的慈悲精神，

她们的柔和美德，
　都是少女最佳的典范。
慈悲伟大的佛陀！
祈求您加被天下的少女，
让她们都能趁着豆蔻年华，
　充实丰富的智能与内涵，
　培养自己的专长与兴趣，
让她们都能像优昙华开，
德香远飘；
让她们都能够结实累累，
利济有情。

慈悲伟大的佛陀！
请求您接受我至诚的祈愿，
请求您接受我至诚的祈愿。

图　李自健

008

规劝青少年祈愿文

慈悲伟大的佛陀！
您可知道
我们现在的社会多么混乱啊！
我们现在的人心多么险恶啊！
有些儿童只知道顽皮嬉戏，
不知道读书上进；
有些青年只知道任性玩乐，
不知道忠孝仁爱。

一些在外游荡的孩子们，
自暴自弃，自我毁伤，
自怨自艾，自我践踏。
他们颠倒人生观，
不肯为别人着想；
他们错估价值观，
以致于贻害社稷。
慈悲伟大的佛陀！

少年是国家未来的主人，
青年是社稷未来的栋梁，
他们的行为将影响国家的兴衰，
他们的德操将影响社稷的安危。

慈悲伟大的佛陀！
祈求您！
让他们早日将丑陋的恶习抛除，
培养健全的人格；
让他们早日从愚痴迷梦里觉醒，
探求生命的真谛；
让他们早日从向外贪求中回头，
找到内心的宝藏；
让他们早日认识自我真如本性，
享受无尽的喜悦。

慈悲伟大的佛陀！
请让迷失的青少年，
早日改心；
请让堕落的青少年，
早日回头；
请让冥顽的青少年，
早日换性；
请让偏执的青少年，
早日向善。
多么希望他们都能懂得——

一丝一缕，物力维艰；
一粥一饭，来处不易。
多么希望佛陀您的加持，
愿他们都能升起感恩的心念，
愿他们都能培养惭愧的美德。
慈悲伟大的佛陀！
请求您接受我至诚的祈愿，
请求您接受我至诚的祈愿。

图　李自健

009

为服兵役者祈愿文

慈悲伟大的佛陀！
我以忧喜参半的心情向您报告：
我儿〇〇
　就要（或已经）入伍当兵了。
身为他的亲人，
　我，一则以喜，一则以忧，
喜的是他即将摆脱少年时期，
　去接受步入成人的各种考验；

忧的是我不能在身边关照叮咛，
　不知他能否适应未来的生活？
慈悲伟大的佛陀！
我深知——
　营房是孕育男子汉的摇篮，
　军队是陶冶大丈夫的洪炉。
在他服兵役的这段期间里，
祈求您的庇佑，

慈悲伟大的佛陀！
今天，
我匍匐在您的座前，
祈求您
怜惜我儿的稚嫩，
赐给他佛法的养分，
让这棵幼苗通过兵役的洗礼，
　成为浓荫密布的大树，
　庇荫国人。
赐给他降魔的力量，
让这个青年承受风雨的考验，
　成为拔除邪恶的勇士，

让他在危难考验时，
　能够不畏艰苦，学习承担；
让他在长官教导时，
　能够谦冲内敛，虚心接受；
让他和同袍相处时，
　能够取人之长，容彼所短；
让他在粗茶淡饭中，
　能够注重俭朴，培养美德；
让他在谨守纪律中，
　能够身心稳健，重视风仪；
让他在枪林弹雨中，
　能够慈悲为怀，保国护生。

自利利他。

慈悲伟大的佛陀！

请求您接受我至诚的祈愿，

请求您接受我至诚的祈愿。

图　李自健

010

为老人祈愿文

慈悲伟大的佛陀！
感谢您降诞到人间，
您明白地告诉我们：
「有生苦，必然会有老苦；
有老苦，必然会有病苦。」
老病实在是非常的辛苦。
慈悲伟大的佛陀！
我们的心理上有许多烦恼的困扰，
我们的身体上有许多残缺的不安。
所幸有大医王的佛陀您，
给我们精神上的鼓舞，
给我们心灵上的安慰；
给我们永恒生命的启示，
给我们法身佛性的希望。
我现在终于明白：
生命是自然的循环，

老病死生又有何惧？
慈悲伟大的佛陀！
您知道老人们的愿望吗？
老人们最希望的是家庭团聚，
最欢喜的是含饴弄孙；
老人们最盼望的是身无病苦，
最快乐的是自由自在。
慈悲伟大的佛陀！
请您要保佑老人们：
从此没有流离失所的悲哀，
从此没有缠绵病榻的不幸，
从此没有儿女不孝的怨叹，

从此没有老病死生的忧惧。
让老人们养成良好的习惯：
早起一炷香，
晚睡十念法，
饭后千步走，
饭前五观想。
让老人们从心不苦做到身不苦，
让老人们从看得破做到有得过。
让老人们知道：
人生的意义不在色身的长久，
而在功德慧命的无限；
让老人们懂得：

世间的万象有生住异灭，
　生命也会天上人间去来不定。
但真心佛性是永远不变，
慈悲伟大的佛陀！
请您垂爱普天之下的老人，
　让他们得到精神的安慰，
　让他们得到生活的照顾，
每一个老人，
　都希望有一个平安快乐的晚年；
每一个老人，
　都希望有一个心开意解的人生。

祈求您，祈求您，佛陀！
请满足老人们的愿望吧！
请满足老人们的愿望吧！

图　李自健

011

晨起祈愿文

慈悲伟大的佛陀！
今天又是一个新的开始了！
所谓「一日之计在于晨」。
在如此美好的早晨，
回忆往事——
我虽曾受委屈，
但知道世间一切缘起缘灭；
我虽曾流过泪，
但深信人生明天会更美好。
今天，
在您佛陀的慈光加被之下，
祈求您赐给我勇气，
面对今天所有的挑战；
祈求您赐给我忍耐，
接受今天所有的挫折；
祈求您赐给我力量，

承担今天所有的工作；
祈求您赐给我智慧，
感谢今天所有的因缘。
慈悲伟大的佛陀！
请帮助我启发智慧，
请帮助我打开心眼，
请帮助我成为一个心灵的富翁，
每天欢喜付出，
每天乐于结缘，
每天慈悲喜舍，
每天宽厚待人。
慈悲伟大的佛陀！

请帮助我成为一个生命的勇士，
能够思维清净，
能够经常奉献，
能够诸恶莫作，
能够众善奉行。
慈悲伟大的佛陀！
我感受
我有您活在我的心中，
我明白
我为欢喜而来人间的，
我懂得
我为奉献而入社会的，

我知道
我为圆满而修佛道的。
我发愿从现在起——
每天要利乐有情，
自觉觉他；
度己度人。
慈悲伟大的佛陀！
请接受我今天晨起后，
真心对您的祈愿！

图　李自健

012

睡前祈愿文

慈悲伟大的佛陀！

是日已过，

今天已经过去了，

我无法停止时间轨道的转动，

但祈求您，佛陀！

让我觉悟无常的真谛；

我无法追逐日升月落的脚步，

但祈求您，佛陀！

让我认清生命的价值。

在这过去的一天里，

我有不断的妄想无明，

我有不断的烦恼蛊动，

但仰仗您的慈悲威德，

借由您的智慧教导，

我都安然地度过去了。

愿我从今而后，

如桥梁道路，
　绵延人间的好因好缘；
如甘泉雨露，
　灭却有情的热恼疲惫；
如丛林老树，
　庇护众生的清凉自在；
如日月星辰，
　照亮一切迷途的众生。
祈求您，
伟大的佛陀！
让我拥有平等的心怀，
　宽恕侵犯我的仇敌；

让我拥有感恩的心怀，
　报答帮助我的朋友；
让我拥有般若的心怀，
　内观自省我的缺漏；
让我拥有精进的心怀，
　奉行您慈悲的教诲。
慈悲伟大的佛陀！
感谢您的教导，
让我抛弃仇恨的刀剑，
　享受清凉的法喜禅悦；
让我卸下执著的枷锁，
　给我身心的自在解脱。

慈悲伟大的佛陀！
是日已过，
命亦随减，
祈求您的庇佑，
从今以后，让我能够：
无诸恐怖，无诸颠倒，
无诸忧恼，无诸恶梦。
慈悲伟大的佛陀！
请接受今夜弟子的祈愿，
慈悲伟大的佛陀！
请接受今夜弟子的祈愿。

图　李自健

013

生日祈愿文

慈悲伟大的佛陀！
今天，
是您弟子的生日，
也是您弟子的母难日。
在此，
我要感谢父母栽培养育的亲恩，
我要感谢师长教诲开导的师恩，
我要感谢国家成就护卫的大恩。

更感恩，感恩佛陀您
赐给我佛法真理的道路，
延续我法身慧命的信仰，
加强我入世无畏的勇气，
解脱我身心烦恼的桎梏。
让我在人生的道路上，
时时得到无比的力量；
让我在生命的过程中，

常常获得善美的因缘，
我所敬爱的佛陀！
我要告诉您：
　我在人生的道路上，
　走得并不欢喜顺利。
　我在生命的过程里，
　活得并不安然自在。
对人情和金钱，
　我患得患失；
对名誉和荣耀，
　我执著难舍；
对事业和工作，
　我不够勤劳努力；
对做人和做事，
　我不够周全周到。
慈悲伟大的佛陀！
今天，在我的母难日，
我要至诚恳切地告诉佛陀您，
在您无量寿、无量光的加持下，
我祈愿从今而后，
　社会富强康乐，
　和谐平等；
我祈愿从今而后，
　佛教兴隆发展，

普度众生；

我祈愿从今而后，

大众身心康泰，

常随佛学；

我祈愿从今而后，

我能精进勇猛，

摄身守意。

愿我更具有慈悲，

我若向众生，

众生皆随喜；

我若向一切，

一切皆圆满。

慈悲伟大的佛陀！

请您接受我至诚的祈愿，

慈悲伟大的佛陀！

请您接受我至诚的祈愿。

图　李自健

014

除夕祈愿文

慈悲伟大的佛陀！
今天是岁残年尽，
我们的人生又过去了一年。
这一年来，
在我的生活里，
尝到许多的酸甜苦辣；
在我的遭遇里，
看到许多的人情冷暖。

慈悲伟大的佛陀！
所幸仰仗您的庇护，
让我生起勇气面对现实，
所幸承蒙您的教诲，
让我提醒自己不要失望，
慈悲伟大的佛陀！
有时我会思索：
人生为什么有那么多的苦难？

佛陀！这一年来，
我每日缠绕在执著烦恼中，
无法开脱；
我经常陷身于无明业海里，
不能自拔。
我虽有师长教诲，
无奈讲时似悟，对境生迷；
我虽有善友提携，
总是忠言逆耳，错失良机。
佛陀！从今以后，
我会以真理阻挡愚痴的邪风，
我会以柔和消灭瞋怒的烈火，
我会以喜舍对治贪欲的洪流，
我会以谦虚铲除骄慢的高山。
过去一切的恶行，
希望在您的加持下改往修来。
仰仗您的威德，
让我的愚痴随着这一年消失；
仰仗您的威德，
让我的陋习随着岁月而流逝；
仰仗您的威德，
让我的善心在忏悔之中萌芽；
仰仗您的威德，
让我的智慧在惭愧里面生根。

慈悲伟大的佛陀！
炮竹声中辞旧岁，
桃符万户将更新。
一生罪业污秽的我，
至诚地跪在您的座前，
祈求您给我新生，
祈求您给我再起。
慈悲伟大的佛陀！
祈求您满足我衷心的愿望。
慈悲伟大的佛陀！
请您赐给我美好的一年，
请您赐给我美好的一年。

图　李自健

015

新春祈愿文

慈悲伟大的佛陀！

一年容易又春风，

新的一年终于又降临到人间了。

在这新一年的开始，

我要把过去的种种视为昨日已过，

我要把未来的种种当作今日新生。

我要向佛陀您

诉说我内心的愿望：

在这个新年的开始，

我一愿眷属和谐，家庭美满；

我二愿生活满足，行善济世；

我三愿情绪正常，性格稳重；

我四愿扫除习气，增加修养；

我五愿发心做事，慈悲待人；

我六愿事业顺利，身心康泰；

我七愿修行进步，增加慧解；

我八愿佛教兴隆，众生普度；
我九愿社会安定，人民快乐；
我十愿世界和平，普天同庆。

慈悲伟大的佛陀！
祈求您护佑我，
让我在新的一年里，
所说的言语，都是
慈悲善良、鼓励向上的好话；
所做的事情，都是
令人欢喜、利益大众的好事；
所存的心意，都是
祝福他人、回向他人的好心；
所有的行止，都是
帮助国家，协助世界的美好。

慈悲伟大的佛陀！
弘法是我的家务，
利生是我的事业。
佛教学院培养人才，
我誓愿拥护支持；
经书典籍益世济民，
我誓愿广为流布；
寺院道场的活动，
我誓愿参与服务；
头陀行门的修持，

我誓愿发心精进。
慈悲伟大的佛陀！
祈求您给我力量，
让我在菩提道上能精进不懈，
永不怨悔！
祈求您给我信心，
让我在学佛路上能降伏魔障，
自利利他！
慈悲伟大的佛陀！
新春新气象，
让我一切重新开始吧！
慈悲伟大的佛陀！
让我一切重新开始吧！

图　李自健

016

求财富祈愿文

慈悲伟大的佛陀！

祈求您加持我获得人间的财富。

因为在经济重于一切的社会，

如果我没有金钱财富，

　将生活得十分艰苦；

甚至想发心做一点善事，

　也需要一些钱财。

因为在物质不可缺少的人间，

如果没有柴米油盐，

　日子将不会好过；

甚至想发心学佛修道，

　也要有一些资粮。

慈悲伟大的佛陀！

我要向您祈求七种财富——

第一种：祈求您给我健康的身体，

第二种：祈求您给我慈悲的心肠，

第三种：祈求您给我智慧的头脑，
第四种：祈求您给我勤俭的美德，
第五种：祈求您给我宽广的胸怀，
第六种：祈求您给我内心的智慧，
第七种：祈求您给我世间的因缘。
慈悲伟大的佛陀！
我希望拥有财富，
不是想买高官厚禄，
而是想去广结善缘。
我希望拥有财富，
不是用来滋养色身，
而是长养家人慧命。

慈悲伟大的佛陀！
我希望以热忱，获得善缘的财富；
我希望以勤劳，获得信誉的财富；
我希望以喜舍，获得友谊的财富；
我希望以正见，获得真理的财富。
慈悲伟大的佛陀！
我将以财富孝顺父母，
使师长老有所养；
我将以财富供养三宝，
使佛教发展成长；
我将以财富养育妻儿，
教他们德业增长；

我将以财富从事正业，
　造福国家社会；
我将以财富投入公益，
　裨益世界人类。
祈求您加持我，
让我懂得以智慧运用钱财，
　做一个为世间创造财富的人，
做一个与众生共有财富的人。
慈悲伟大的佛陀！
请求您接受我至诚的祈愿，
请求您接受我至诚的祈愿。

图　李自健

017

广结善缘祈愿文

慈悲伟大的佛陀！
当您在金刚座上证悟，
发出「万法缘起」宣言的那一刻，
世间就有了光明，
人类就有了希望。
因为只要我们认识因缘的重要，
就懂得去广结善缘。
慈悲伟大的佛陀！

弟子自从皈依在您的座下，
就毫不犹豫地接受您的真理，
尤其对「广结善缘」的美好，
更是依教奉行。
我们——
有的在医院里做义工，协助病患；
有的在街道担任义警，指挥交通；
有的为老弱写信阅报，跑腿服务；

有的为寺院洒扫典座，亲切接引；

我们——

有时用微笑和人「广结善缘」，

有时用赞美和人「广结善缘」，

有时用随喜和人「广结善缘」，

有时用帮助和人「广结善缘」。

慈悲伟大的佛陀！

我们看到寺院庵堂——

　奉行您「广结善缘」的教诲，

有的兴建房舍，供人挂单；

有的兴办学校，给人读书；

我们也看到许多僧侣——

　四处奔走，「广结善缘」；

有的出广长舌，现身说法；

有的奔波忙碌，救灾救难；

此外，还有许多在家信众——

有的借由道场共修，回向祝福；

有的兴办慈善事业，恤寡济贫；

有的创设工厂企业，增加就业；

有的印行经典善书，布施智慧；

他们为了「广结善缘」，

有人布施棉被，

　为贫苦人家带来温馨；

有人喜舍米面，

为自强住户带来饱暖；
一句良言，如三冬暖炉；
一丝灯光，如太阳高照；
一口粥饭，让饥饿的人赖以生存；
一把雨伞，让风雨路人得到喜悦。
慈悲伟大的佛陀！
祈求您加被所有的施者与受者，
让大家都能感受法界的融和，
让大家都能体会人我的真心。
慈悲伟大的佛陀！
请求您接受我至诚的祈愿，
请求您接受我至诚的祈愿。

图　李自健

018

为自我信心祈愿文

慈悲伟大的佛陀！
请您垂听一个胆怯的声音，
　在您的座下恭敬地向您祈愿：
我是一个没有主见的人，
面对社会，我总是心怀畏惧；
面对亲友，我没有顺从承受。
我力求奋发，但缺乏豁达的胸襟，
我力求上进，但缺乏果断的意志。

所以，面对自己过去的一切，
　我深感自卑渺小；
所以，面对自己现在的处境，
　我深觉彷徨无依。
慈悲伟大的佛陀！
我是一个愚昧退缩的人，
因为我缺乏学习的智慧与态度，
因为我缺乏做人的积极与圆融，

所以，

一旦遇到挫折，我就心灰意冷；
一旦遇到困难，我就迟疑不前；
一旦遇到打击，我就消沉退缩；
一旦遇到是非，我就怨声叹气。

佛陀，祈求您！
让我遇到挫折时，能勇往直前；
让我遇到困难时，能鼓起勇气！

慈悲伟大的佛陀！
我是一个固执自私的人，
因为我缺少喜乐的性格与胸襟，
因为我缺少感恩的思想与美德。

所以，

当事业不顺时，我推诿过失；
当师长责备时，我怨天尤人；
当群众聚集时，我尽量躲避；
当生活受挫时，我忧郁烦恼。

佛陀，祈求您！
让我在师长责备时，
能够反求诸己；
让我在事业不顺时，
不再一意孤行；
让我在群众聚集时，
乐意与人结缘；

让我在生活受挫时，
　仍能展现欢笑。
慈悲伟大的佛陀！
我是一个学佛粗浅的人，
因为我身染习气与业障，
因为我心怀疑嫉与恶性，
　所以，我常常明知故犯，
　所以，我往往一错再错。
佛陀，祈求您！
让我在充实自我中，
　增长智慧，建立自信。

让我在精进修持中，
　增长福德，建立尊严，
不再畏惧他人不屑的眼光；
不再怀疑别人善意的批评。
慈悲伟大的佛陀！
请求您接受我诚挚的祈愿，
请求您接受我诚挚的祈愿。

图　李自健

019

惭愧祈愿文

慈悲伟大的佛陀！
弟子回想自从做人以来，
智慧不够，能力也不够，
言行不清净，道德也不圆满，
今天我要一并在佛陀您的座前，
表示由衷的惭愧忏悔。
慈悲伟大的佛陀！
对于父母，
我的孝顺奉养不够，
我缺乏承欢膝下的言行，
我经常让他们牵肠挂肚。
对于师长，
我没有切实地奉行他们的教诲，
我没有真正地接受他们的言教。
今天我在佛陀的座前，
表达我的无知无能，

从此发愿做一个光耀门庭的人。
慈悲伟大的佛陀！
我对于我的朋友也要——
表示至深的惭愧：
我给他们的帮助不够，提携不够；
我对他们的劝勉不够，真诚不够。
今天我在佛陀的座前，
表达我的无知无能，
从此发愿做一个患难与共的人。
慈悲伟大的佛陀！
我甚至对于亲人子弟们，
也有许多的歉意：
我给他们的身教不足以为模范，
我给他们的言教不足以为效法。
慈悲伟大的佛陀！
对于国家社会，我更是惭愧：
我只冀望国家给我优惠，
自己却没有服务奉献的认识；
我只要求社会给我福祉，
自己却没有福国利民的善行。
清夜自扪，
士农工商供应我日用之所需，
可是我对他们帮助了什么呢？
各种人士给予我众多的因缘，

可是我对他们回馈了多少呢？

慈悲伟大的佛陀！

我对于身心障碍的人，

不能够感同身受；

我对于职业卑微的人，

不懂得同事摄受；

我对于贫穷疾苦的人，

不知道慈悲爱护；

我对于鳏寡孤独的人，

不用心体恤关怀。

慈悲伟大的佛陀！

我真羞于作为您的弟子，

祈求您赐给我改过自新的力量，

祈求您赐给我弥补前愆的机会。

慈悲伟大的佛陀！

请求您接受我至诚的祈愿，

请求您接受我至诚的祈愿。

图　李自健

020

忏悔祈愿文

慈悲伟大的佛陀！
弟子至诚恳切地匍匐在您的座前，
向您发露忏悔——
从无始以来，
我身业所犯的杀盗淫妄，
无数无量；
我口业所犯的恶语两舌，
无穷无尽；
我意业所犯的贪嗔愚痴，
无边无际。
现在只有仰仗佛陀您威神加被，
赐给我忏悔的力量；
现在只有依靠佛陀您遍洒净水，
洗净我深重的罪业。
回想我从小至今，
常常不明事理，不辨善恶；

常常昧于因果，颠倒是非；
常常执著邪见，自以为是。
为了保有自己的利益，
我多次见到苦难的众生，
却没有伸出援手；
我多次遇到老弱的民众，
却没有哀怜救济。
由于嫉妒别人的拥有，
我妄加对方的过失，
我宽恕自己的行为。
慈悲伟大的佛陀！
这一切的作为，

都可以看得出我的罪业无边！
今天，我跪在您的座前，
以无比虔诚的心意，
向您坦白发露，求哀忏悔。
祈求在佛陀您慈光的照耀下，
我能一改往昔的罪行，
我要以喜舍对治贪欲，
我要以慈悲对治嗔恨，
我要以诚信对治怀疑，
我要以谦虚对治傲慢。
从今天开始，
我誓愿实践佛陀您的行仪，

我要给人信心，
我要给人欢喜，
我要给人希望，
我要给人方便；
从今天起，
我誓愿奉行您的教诲，
我要以五戒十善自利利他，
我要以三学增上福慧双修，
我要以四恩总报回馈大众，
我要以四摄六度饶益有情。
慈悲伟大的佛陀！
请求您接受我至诚的忏悔与发愿。

图　李自健

021

佛化婚礼祈愿文

慈悲伟大的佛陀！
今天虔诚恭敬站在您座前的
〇〇先生
〇〇小姐
他们要结为夫妇了。
我们祝福这一对璧人，
在佛陀您慈光庇照之下，
缔结美满的姻缘，
成为菩提的眷属。
他们因为
彼此心心相印，
双双情投意合，
所以他们决定
祈求佛陀您的赐福，
今后要组织一个新的家庭。
家，是人的避风港，

家，是爱的温暖窝。
希望佛陀您能庇佑这一对新人，
在同一个屋檐下——
彼此尊重，
相互包容，
彼此体谅，
相互帮助，
让他们恩爱一生，
让他们白头偕老。
希望佛陀您能加被这一对新人，
在共同生活中——
能够孝顺父母，
能够尊敬长辈。
慈悲伟大的佛陀！
希望今日的新郎：
能做一个保护妻儿的英雄，
能做一个善尽责任的丈夫。
也希望今日的新娘：
能做一个善良慈孝的女人，
能做一个体贴赞美的妻子。
慈悲伟大的佛陀！
祈求您加被
他们今后，
能以智慧处理是非，

能以恭敬接待他人，
能以道德修养身心，
能以慈悲做人处事。
让今天这一对新人，
遵守须弥的盟誓，
彼此恩爱不渝。
从此并蒂莲开，事事顺利；
从此共命鸟和，宜室宜家。
昼夜吉祥，
人天欢喜。
慈悲伟大的佛陀！
请您接受
我们与会大众的祈愿吧！
请您接受
我们与会大众的祈愿吧！

图　曹莺

022

成年礼祈愿文

慈悲伟大的佛陀！

现在站在您面前的这群男女青年，

在他们父母亲人的祝福之下，

　即将迈向成年的人生。

从今天起，

他们开始人生的另一个阶段：

　从家庭走入大众，

从学校走上社会，

　从个人走向群体。

从现在起，他们在家庭里，

　要负担起责任，

他们要奉养父母；

从现在起，他们在社会上，

　要贡献出所学，

　他们要造福人间。

慈悲伟大的佛陀！

他们不再享受别人的恩赐了，
他们要努力练习对社会的反哺。
让他们从今以后：
能有庄严的举止，
能有感恩的美德，
能有慧巧的思想，
能有宽容的雅量，
能有坦诚的心胸，
能有开朗的性格，
能赢得别人的尊重，
能获得他人的友谊。
慈悲伟大的佛陀！

请赐给他们美好的特质，
请赐给他们美好的因缘。
他们可能也会遇到挫折与失败，
祈求您庇护他们，
在他们跌倒的时候，
让他们认识障碍，勇敢站起；
在他们失意的时候，
让他们自我检讨，再次出发；
在他们困难的时候，
让他们冷静分析，突破执著；
在他们彷徨的时候，
让他们看清目标，随缘不变。

让他们有一颗宽广的心，
　乐于接受别人的意见；
让他们有一颗柔软的心，
　善于接受别人的批评。
慈悲伟大的佛陀！
他们都是一群初生之犊，
希望佛陀您，
　在他们的短拙中，
　启发灵巧智慧；
　在他们的懈怠中，
　鼓励担当责任。

慈悲伟大的佛陀！
祈求您，
祈求您接受我虔诚的祈愿，
祈求您接受我虔诚的祈愿。

图　曹莺

023

为房屋开工祈愿文

慈悲伟大的佛陀！
我要以兴奋的心情告诉您，
○○善士的房屋今天开工了！
感谢工程师的辛苦设计，
感谢亲友们的支持指教，
感谢一切因缘的成就，
当然，更要感谢佛陀您的庇佑。
在我们的想象中，
这将是一栋美轮美奂的房舍，
这将是一栋功能俱全的宅第。
慈悲伟大的佛陀！
祈求您继续加持，
让这栋房屋在施工期间，
工程顺利，
万事都能吉祥如意；
也祈求您庇佑参与建设的人员，

身体健壮，
一切都能平安幸福。
我们都知道，
凤凰振翅于挺直的梧桐上，
神龙游泳于深广的大海中，
我们也深信，
吉人必定会居住吉宅，
吉宅必定会庇荫吉人。
愿〇〇善士能本着佛陀您的精神，
给人信心，
给人欢喜，
给人希望，

给人方便。
让这栋房屋建好启用之后，
能带给住家的眷属幸福美满，
能帮助社区的居民平安和乐，
能吸引亲朋好友欢喜往来，
能迎接诸上善人聚会一处。
慈悲伟大的佛陀！
宇宙全体的生命也像房屋一样，
需要因缘的助成，
才能坚强牢固；
需要细心的呵护，
才能发挥功能。

希望大家在庆贺房屋开工时，
也不要忘记为心房献上祝福。
让我们以道德为基石，
让我们以禅修为钢梁，
让我们以慈悲为水泥，
让我们以喜舍为砂石。
愿天下的房屋，
都能为人间增加喜悦；
愿天下的房屋，
都能为众生增加庇荫。
慈悲伟大的佛陀！
请求您接受我至诚的祈愿，
请求您接受我至诚的祈愿。

图　曹莺

024

为新居落成祈愿文

慈悲伟大的佛陀！
我们要告诉您一个好消息：
〇〇师兄（师姐）的新居落成了！
感谢建筑师，
设计这座美轮美奂的新居；
感谢所有工人，
不怕风吹日晒的集体创作；
感谢亲朋好友，
给予各方面的支持和帮助；
更感谢佛陀您，
赐给他们一切的好因好缘！
家，是一个避风港，
家，是一个安乐窝。
而我，更祈愿佛陀：
让他们的家成为一个好道场，
让他们的家成为一个极乐国。

慈悲伟大的佛陀！
这一座新家虽然不是富丽堂皇，
　但总可以遮风避雨；
这一座新家或许不是华屋美厦，
　但总是一家人的希望。
慈悲伟大的佛陀！
祈求您的佛光普照，
让他们的新家成为社区的菩提，
让更多的居民分享佛法的欢喜。
让这一家人，
　以信心道念为种籽，
　以禅净戒行为肥料，
　以正知正见为雨露，
　以广结善缘为阳光，
让这一个新家，
　以欢喜融和为宝网，
　以惭愧感恩为行树，
　以赞美爱语为池水，
　以慈悲喜舍为通道。
慈悲伟大的佛陀！
从○○师兄（师姐）的新家，
让我感念世间上有许多无壳蜗牛，
请佛陀让他们也能找到一处居所，
更祈求慈悲伟大的佛陀：

让天下的居家，

都能免于地震的恐惧，

都能免于台风的肆虐，

都能免于刀兵的劫难，

都能免于水火的灾害；

让所有的人们，

都能快快乐乐地走出家门，

都能平平安安地回到家庭。

慈悲伟大的佛陀！

请求您接受我虔诚的祈愿，

请求您接受我虔诚的祈愿。

图　曹莺

025

家庭普照祈愿文

慈悲伟大的佛陀！
今日我们大家聚集在
〇〇先生和〇〇女士夫妇的
府上，
我们大家赞美佛陀您的伟大，
我们畅谈佛法的浩瀚无边，
我们现在共同分享佛法的喜悦。
愿佛陀您的覆护，
〇〇先生和〇〇女士全家老小，
让他们身体健康，
让他们事业顺利，
让他们全家平安，
让他们如意吉祥。
愿佛陀您的加被，
加持〇〇先生和〇〇女士
全家眷属，

让他们相互和敬，
让他们关爱体贴，
让他们感恩互助，
让他们培福结缘。
今日我们仰望您的圣像金容，
愿佛陀您的威德感召，
让〇〇先生和〇〇女士的家人，
拥有慈悲喜舍，
共同建立佛化家庭；
拥有尊重包容，
共同修学禅净福慧。
也请求佛陀您慈悲加被我们大家，

让我们大家与
〇〇先生和〇〇女士夫妇一样，
获得佛陀您慈悲垂怜。
我们要在佛道上，
精进不懈，永不退转；
我们要在法海中，
启发正信，永不退心。
祈求佛陀您的庇佑，
让这家人，
求财富平安都能如愿；
求眷属和谐都能圆满；
求生活安乐都能获得；

求事业前途都能顺遂。
慈悲伟大的佛陀！
请您赐给他们信心与欢喜，
请您增加他们坚忍与毅力，
让他们在您的佛光普照之下，
都能够获得您的甘露法水。
慈悲伟大的佛陀！
请求您接受我的祈愿，
请求您接受我的祈愿。

图　曹莺

026

为历代宗亲祈愿文

慈悲伟大的佛陀！
我要向您诉说我对
　历代宗亲的感恩与祝福，
因为我们现在能够安居乐业，
都是历代宗亲辛勤努力的结果：
他们为我们留下丰盛的财富，
　让我们过着文明的生活；
他们为我们开创美好的人生，
　让我们享有便利的生活。
他们为了后代的幸福，
　有的胼手胝足，披荆斩棘；
　有的浴血奋战，抵御外侮；
他们为了子孙的前途，
　有的移民海外，辛勤打拼；
　有的案牍劳形，发明创造。
慈悲伟大的佛陀！

先人已远去，典型在眼前。
我们愿效法宗亲利他的美德，
我们愿学习宗亲团结的榜样，
我们愿承袭宗亲坚忍的风范，
我们愿接受宗亲礼义的教诲。
请容我为他们祈福忏悔，
请容我为他们超荐得度，
请容我代他们皈依三宝，
请容我代他们跪求恕罪。
慈悲伟大的佛陀！
请让他们凡在三涂恶道者，
都能得生人天，受胜妙乐；
请让他们凡在人天善道者，
都能皈信三宝，永不退堕。
慈悲伟大的佛陀！
我们历代的宗亲里面，
有的人或因时运不济，
抑郁而终；
有的人或因遭遇冤枉，
抱屈以殁；
有的人或因怀才不遇，
含恨一生；
有的人或因天灾人祸，
妻离子散。

祈愿佛陀您能加被他们，
让他们了知三世业报的因果，
让他们明白随缘消业的道理，
让他们的性灵能早日超度，
让他们的神识能得到净化。
慈悲伟大的佛陀！
今日我何其有幸，
有佛陀您来作为依怙；
未来我也愿效法先人的美德，
利济后代子孙。
慈悲伟大的佛陀！
祈求您接受我至诚的祈愿，
祈求您接受我至诚的祈愿。

图　曹莺

027

为考生祈愿文

慈悲伟大的佛陀！
今天弟子怀着
祝福的心情向您祈愿：
祈求您加被
　参加这次○○考试的考生，
让他们都能
　金榜题名，顺心满意。
这些都要祈求您，

　让他们能从从容容地参加考试，
　让他们能快快乐乐地步出考场。
慈悲伟大的佛陀！
我们都知道：
考试胜负的关键，
　决定于平常的实力，
　也决定于心理的建设。
祈求佛陀的庇佑，

帮助他们有坚强的耐力，
帮助他们有善巧的智慧，
让他们能将所学融会贯通，
让他们能将所知灵活运用。
慈悲伟大的佛陀！
让所有的考生应试的时候，
心境能如中秋明月般洁净明朗，
思绪能如江海潮水般奔流不止；
让他们都能顺利地考完全场，
让他们都能表现最佳的实力。
慈悲伟大的佛陀！
考试的窄门，
总会有一些人中选；
考试的结果，
总会有一些人落榜。
跨进门坎的人，
并不意味成功的一生，
被摒在外的人，
也不注定永世的失败。
佛陀！您曾昭示我们：
「诸法因缘生，诸法因缘灭。」
在缘起缘灭的世间中，
每一次的经验都是前进的基石，
每一次的成败都是未来的借镜。

祈求佛陀您庇佑金榜题名的考生，
让他们将来有良好的表现，
也祈求佛陀您，
　覆护名落孙山的考生，
让他们汲取教训，
　不气不馁调整脚步；
让他们了解因缘，
　还会有再起的机会。
慈悲伟大的佛陀！
请求您接受我至诚的祈愿。
请求您接受我至诚的祈愿。

图　曹莺

028

旅行出游祈愿文

慈悲伟大的佛陀！
经常听人说：
「读万卷书，
行万里路。」
我对于这种逍遥的人生向往已久。
善财童子的五十三参，
多么值得我们学习！
历代祖师的云游行脚，
多么值得我们效法！
只是，
现在的参访旅游，
多少的灾难因此而生；
现在的舟车飞行，
多少的不幸因此而有。
慈悲伟大的佛陀！
请赐给我平安，

让我能够
　欢欢喜喜的出门，
　平平安安的回家。
在旅行出游的途中，
请让我能有机会培植善因，
请让我能有福报获得助缘，
请让我能了解世间的奇风异俗，
请让我能通达各地的人情事理。
我要感谢佛陀，
您给我庇佑保护；
也感谢山河大地，
　能供我到处欣赏；

也感谢河川大海，
　能让我安然遨游；
也感谢蓝天白云，
　能让我飞扬自在；
也感谢树木花草，
　能让我心旷神怡。
慈悲伟大的佛陀！
能得到一次旅行出游，
我要感谢我的亲友，
　由于他们的支助，
　我才有出游的机会；
感谢多少人分担我的工作，

我才能如此悠闲外游；
我满心的欢喜，
我满心的感恩。
在旅行出游的期间，
伟大的佛陀！
还是要祈求您，
加持我的平安，
庇佑我的顺利。
慈悲伟大的佛陀！
请求您接受我的祈愿，
请求您接受我的祈愿。

图　曹莺

029

就业工作祈愿文

慈悲伟大的佛陀！
我要以万分欢喜的心情，
　告诉您一个好消息：
　「我即将就业工作了。」
因为佛陀您给予我的好因好缘，
因为佛陀您教训我的好理好法，
所以，
　我在很多的善缘成就之下，
　我就业工作了。
感谢主管给我的机会，
感谢师长给我的教导，
感谢朋友给我的协助，
感谢家人给我的关怀。
今后我一定尽忠职守，
　担负责任；
今后我一定勤劳耐苦，

做好工作。
我要用心用力，
把事做好；
我要有情有义，
把人做好。
我懂得佛陀您指导我们的真理，
对主管要多加拥戴，
对同事要真心和睦。
我要更用心学习。
凡是做事，
我要做到尽善尽美；
凡是对人，
我要处得全始全终。
我实在知道我仍然不足，
所以，伟大的佛陀！
我要祈求您：
赐给我信心，
赐给我因缘；
让我在品德上有更大的进步，
让我在学习上有更大的成就；
让我这一次就业工作，
所表现的成绩，
能对得起父母亲族，
能对得起国家社会，

能对得起亲朋好友，
能对得起我的善缘。
祈求佛陀：
您要保佑我如此的善因善缘，
要能永远地持续下去，
慈悲伟大的佛陀！
感谢您能接受我的祈愿！
感谢您能接受我的祈愿！

图　曹莺

030

波罗蜜（工作完成）祈愿文

慈悲伟大的佛陀！
我好欢喜地要告诉您，
佛陀！
我的工作完成了！
我的事业已经波罗蜜了！
经过多少的努力，
也经过一再的辛苦，
我终于把事情完成了，
我终于把工作波罗蜜了。
我不是想
为了我的成就，
为了我的功劳，
我只是希望
为大众——聊作奉献，
为未来——提供服务。
我想到佛陀您当初

为了培植福慧，
经过了三大阿僧祇；
为了广修相好，
经历了百千亿万劫。
我只要想到
佛陀您累积的万千功德，
佛陀您跨越的无量劫数，
我完成这一点点成绩
又算什么呢？
慈悲伟大的佛陀！
鄙陋无能如我，
祈求您：

赐给我智慧灵巧，
赐给我慈悲正念。
在我懈怠的时候，
请您加持我努力精进；
在我颓唐的时候，
请您鼓励我勇猛向前。
慈悲伟大的佛陀！
祈求您的加被，
我如果读书，
希望能给我明理；
我如果思想，
希望能给我正见；

我如果办事，

希望能给我信心；

我如果修道，

希望能给我正念。

弟子虽然完成了这件事，

但仍然深深地感到不足。

佛陀！祈求您的庇佑，

我要百尺竿头，更进一步；

我要勇敢精进，更能向前。

伟大的佛陀！

请求您接受我至诚的祈愿，

请求您接受我至诚的祈愿。

图　曹莺

031

为放下情执祈愿文

慈悲伟大的佛陀！
我陷入了情执的泥沼，
如果再不出离，
　就要在这里灭顶了！
我落入了情执的罗网，
如果再不逃出，
　就要在这里窒息了！
慈悲伟大的佛陀！

祈求您赐给我力量，
　让我奋力跃出情执的牢笼；
祈求您赐给我勇气，
　让我勇敢迈向崭新的未来。
多少亲友曾经劝我：
情爱如江海中的浪花，
　喜欢弄潮的人，
很快被美丽的浪花所吞噬。

但恣意任为的我一再执著，
明知「爱河千尺浪」，
我却不顾危险；
明知「苦海万重波」，
我却不知回头。
情执深重的我
不知浪费了多少时光，
不知错过了多少机会。
慈悲伟大的佛陀！
请让我拥有您的善巧方便，
认识情爱的本质；
请让我拥有您的慈悲真心，
创造人间的净土。
我应该将情爱升华，
我应该将情爱超越，
成为无私的布施，
成为无求的服务。
慈悲伟大的佛陀！
多少人因为一念情执
而自我戕害，
多少人因为一念情执
而酿成悲剧。
佛陀！祈求您的庇佑，
让我们都能用理智来升华情爱，

让我们都能用慈悲来净化情爱，
让我们都能用礼法来规范情爱，
让我们都能用道德来引导情爱。
慈悲伟大的佛陀！
祈愿今后道情法爱处处洋溢，
成为每个人生活的润滑剂；
祈愿今后道情法爱充塞宇内，
成为每个人事业的原动力。
慈悲伟大的佛陀！
请求您接受我至诚的祈愿，
请求您接受我至诚的祈愿。

图　曹莺

032

为心慌意乱祈愿文

慈悲伟大的佛陀！
请您垂慈听我求救的心声，
请您怜悯听我悲苦的处境：
我的心像一团纷乱的丝线，
做事，我没有计划，
生活，我没有方向，
　每天思绪如麻，手忙脚乱；
做人，我愚痴执著，
用心，我不知变通，
　所以思前想后，一筹莫展；
我内心充满贪嗔疑嫉，
我脑海缺乏信心道念，
　终日愤愤不平，彷徨不安；
我没有克己的修养，
我不能果断的行事，
　所以临事慌张，手足无措。

我知道一切的行为恶果，
都是自己造成的；
我明白所有的烦恼罪业，
都是自己招感的。
但我缺乏改正的决心，
但我缺乏忏悔的动力，
以致于浑浑噩噩，因循苟且，
在心慌意乱中，蹉跎了光阴。
佛陀！
请求您的大力加持，
从今以后，
我要扬弃褊狭的胸襟；

我要去除烦躁的陋习；
我要发挥合群的性格；
我要开展乐观的人生。
慈悲伟大的佛陀！
世间上还有许多人和我一样，
心慌意乱，
不知所措，
祈求您
不断地庇佑我们，
制伏我们内心深处的魔军，
去除我们因循苟且的习气，
增加我们持戒忍辱的力量，

给予我们安住身心的妙方，
帮助我们禅定般若的修养，
提起我们精进不懈的勇气，
发挥我们慈悲喜舍的精神，
消灭我们无始无明的三毒。

慈悲伟大的佛陀！
请求您接受我至诚的祈愿，
请求您接受我至诚的祈愿。

图　曹莺

033

为兴学功德主祈愿文

慈悲伟大的佛陀！
您是世界上最伟大的导师，
由于您的观机逗教，
成就了多少大阿罗汉，
培养了多少发心菩萨；
由于您的有教无类，
开创了平民教育的先河，
成立了六种和敬的僧团。

印度那烂陀寺，
是举世闻名的第一所大学，
龙树菩萨①曾担任校长，
玄奘大师曾在此求学；
中国丛林也具有传教的功能。
慈悲伟大的佛陀！
我要以无比欢喜的心情告诉您，
我们风光明媚的佛光大学、

我们管理专长的南华大学、
我们雄踞美洲的西来大学、
我们世界各地的丛林学院，
它们有典雅的校园，
它们有完善的设备，
它们有优良的师资，
它们有勤奋的学生。
这一切都是百万人兴学的成果，
这一切都是功德主发心的奉献。
我们希望大学的师长们，
都能循循善诱，春风化雨；
我们希望大学的同学们，
都能尊师重道，好学不倦。
希望学校的师生都能水乳交融，
希望教室里荡漾着勤读的气氛。
愿功德主的发心能够圆成希望——
让大学成为知识分子的典范，
让大学成为传播真理的黉宫，
让大学成为培养伟人的摇篮，
让大学成为陶铸圣贤的道场。
慈悲伟大的佛陀！
祈求您，
加持为大学奉献心力的有缘人，
让他们生活安康，合家如意；

祈求您，
覆护为大学出钱出力的功德主，
让他们福慧增上，平安吉祥；
希望劝募委员及随喜功德者，
都能生生世世，所求遂愿，
都能功德智慧，留给子孙。
慈悲伟大的佛陀！
请求您接受我至诚的祈愿。
请求您接受我至诚的祈愿。

① 印度大乘佛教中观学派创始人，大力弘法，广造大乘经典之注释书，树立大乘教学体系，使般若性空学说传布全印度。

图　曹莺

034

为弘法善知识祈愿文

慈悲伟大的佛陀！
您在纪元六百年前证悟宇宙真理，
从那时起，世间有了光明的希望；
直到今天，佛法已经遍传全世界。
感谢弘法利生的善知识们，
他们像灯塔，
为人们指引方向；
他们像甘霖，
为人们带来清凉。
慈悲伟大的佛陀！
　弘法利生的善知识们——
不但要奉持净戒，
　更要有度众悲愿；
不但要学养丰富，
　更要有正知正见；
愿他们追随佛陀您的脚步——

都能拥有您观机逗教的权巧，
都能拥有您度众无畏的勇气，
慈悲伟大的佛陀！
他们为了弘扬佛法，
有的背井离乡，远渡重洋；
有的荜路蓝缕，披荆斩棘；
有的孤身只影，横渡流沙；
有的忍受饥寒，攀山越岭。
他们为了弘法，
逆来顺受，甘之如饴；
他们为了度众，
不计毁誉，无怨无悔。

像富楼那尊者①的化导蛮凶；
像目犍连尊者②的为教殉难；
像道安大师③的奔波弘法；
像百丈大师④的禅门清规；
还有更多弘法利生的善知识们，
为佛教写下辉煌的篇章。
慈悲伟大的佛陀！
今天的时代里，
异说杂乱纷纭，
神权迷信泛滥，
需要善知识们——
用您的法水洗涤众生的罪业。

慈悲伟大的佛陀！
祈求您庇佑他们免除身心疾病，
祈求您庇佑他们突破障碍难关。
愿您的真理能普及三千世界，
愿您的大法能弘扬万亿国土。
慈悲伟大的佛陀！
请求您接受我至诚的祈愿，
请求您接受我至诚的祈愿。

① 佛陀十大弟子之一，善义理、演法教化，誉为「说法第一」。
② 佛陀十大弟子之一，印度摩揭陀国人，有「神通第一」之誉。
③ 东晋僧。致力翻译并开经文批判先河，佛教史上贡献至巨。
④ 唐代僧。所订清规，寺院丛林奉行，为禅宗史上划时代功绩。

图　曹莺

035

为听经闻法者祈愿文

慈悲伟大的佛陀！
我要为所有听经闻法的人祈愿，
请您帮助我们获得禅悦法喜，
请您帮助我们获得心开意解。
我们对佛陀的教示，
必然依教奉行；
我们对佛陀的真理，
从此努力实践；

慈悲伟大的佛陀！
您给了我们甘露的法水，
您给了我们真理的明灯，
您给了我们信心的拐杖，
您给了我们解脱的舟船，
祈愿所有听经闻法的大众，
都能实践佛陀的法义，
都能奉行佛陀的教诲；

更希望大家
都能把佛法带给亲戚朋友们
同沾法喜，
都能把佛法带给工作同仁们
共享法乐。
慈悲伟大的佛陀！
今天的时代，
虽然
科技进步，
物质丰富；
但是
物欲横流，人心污染，
烦恼炽盛，犯罪日增。
大家过得并不自在，
大家过得并不安稳。
祈求伟大的佛陀——
您能加持我们明白因缘果报，
您能加持我们发扬慈悲喜舍，
您能加持我们奉行五戒十善，
您能加持我们实践六波罗蜜。
我们愿将听者闻者的功德，
回向给法界众生，
让大家求证无上菩提。
让我们的国家，

政通人和，国泰民安；
让我们的经济，
繁荣进步，稳定成长；
让我们的民众，
安居乐业，吉祥如意。
慈悲伟大的佛陀！
请求您接受我至诚的祈愿，
请求您接受我至诚的祈愿。

图　曹莺

036

为社会大众祈愿文

慈悲伟大的佛陀！
我们是一群虔诚皈依您的弟子：
今天我们各界人等齐聚在您座前，
为的是想向您祈愿：
伟大的佛陀！
要我们人人成佛，
我们不敢有此奢求，
不过，我们所要祈求的，
是让我们能成为好人；
要我们断尽烦恼，
我们不敢奢望达到，
但是，我们所要祈求的，
是让我们少烦少恼。
慈悲伟大的佛陀！
希望仰仗您的慈光庇照，
让我们的人民能努力工作，

增加生产，
为国家作出最大的贡献；
让我们的商家能研究发展，
将本求利，
为人群提供最大的方便；
让我们的教师能爱护子弟，
作育英才，
使社会拥有无穷的希望；
让我们的父母能慈爱子女，
诚实守道，
为后辈树立良好的模范。
在您慈云覆护之下，

人人谨守三皈，奉行五戒；
人人尽心去恶，努力行善；
人人深信因果，忏悔业障；
人人广结善缘，福利社会。
慈悲伟大的佛陀！
希望我们各行各业，
在您的慧日庇照之下，
每一个人都能修口修心，
正己正人；
每一个人都能敦亲睦邻，
齐家治国；
每一个人都能懂得缘起真理，

相互依存；
每一个人都能奉行八正道法，
正常生活。
祈求您能加持全世界的人类，
息灭贪嗔愚痴，勤求戒定智慧；
祈求您能促进全法界的众生，
学习尊重包容，彼此和合无诤。
慈悲伟大的佛陀！
请您接受我们至诚恳切的祈愿，
请您接受我们至诚恳切的祈愿！

图　曹莺

037

为国家祈福祈愿文

慈悲伟大的佛陀！
弟子在这里
至诚感谢您的加被！
让我们的国家
教育普及；
让我们的人民
所得提高；
让我们的科技
日新月异；
让我们的政治
民主自由。
慈悲伟大的佛陀！
我要向您虔诚发露表白：
虽然我们的教育普及了，
但我们的道德
却有沦丧的现象；

虽然我们的所得提高了，
但我们的人心
反而更加的腐蚀；
虽然我们的科技进步了，
但我们的各种工业
却污染频传；
虽然我们的政治民主了，
但我们的社会
却在动荡与不安！
所以，
慈悲伟大的佛陀！
祈愿您的加被，

将社会的凶残暴戾，
能转为祥和欢喜；
将社会的无耻淫乱，
能转为知礼守序；
将社会的嗔恨嫉妒，
能转为慈悲仁善；
将社会的邪知邪见，
能转为正知正见！
慈悲伟大的佛陀！
祈求您的庇护，
让我们的国家风调雨顺，
永远没有天灾人祸；

让我们的政治廉洁清明，
　永远没有贪污贿赂；
让我们的族群包容异己，
　永远没有种族纷争；
让我们的社会安定富强，
　永远没有战争暴乱；
让我们的生活丰衣足食，
　永远没有经济风暴；
让我们的身心健康无忧，
　永远没有疾病困扰。
慈悲伟大的佛陀！
请您接受我为国家的祈愿！

图　曹莺

038

为世界和平祈愿文

慈悲伟大的佛陀！
　我虔诚地跪在您座前，
请您垂听我向您诉说心事，
国际间的战火发出隆隆的炮声，
人我间的口舌发出恶毒的骂声，
欲望里的洪流汹涌澎湃的翻滚，
族群中的仇恨生生不息的蔓延。
我张开双眼仔细观察，

了解到人间的苦恼重重，
　肇因于我见、人见、众生见；
我开启心扉静静思维，
体悟到世界的风云多变，
　起源于事执、法执、人我执。
人际之间的党同伐异，
　导致了多少纷争；
种族之间的歧视凌虐，

酿成了多少灾难；
宗教之间的排斥倾轧，
造成了多少祸患；
国际之间的交相争利，
造成了多少战乱。
我们生活在这样的世间上，
每天在恐怖中不能自在，
每天在颠倒中不能安然。
慈悲伟大的佛陀！
请垂听我向您祈求的愿望：
愿这个世界上，
没有嫉妒，只有赞叹；
没有嗔恨，只有祥和；
没有贪欲，只有喜舍；
没有伤害，只有成就。
慈悲伟大的佛陀！
您曾说：
「心、佛、众生，三无差别。」
「你、我、他人，一切平等。」
我们要学习您的智慧，
拉近人我间的距离；
我们要学习您的无我，
消除众生们的执著；
我们要学习您的慈悲，

化解国际上的干戈；
我们要学习您的佛光，
照破世间里的黑暗。
慈悲伟大的佛陀！
请求您接受我至诚的祈愿，
请您给世界和平吧！
请您给众生安乐吧！
慈悲伟大的佛陀！
请求您接受我诚恳的祈愿！
请求您接受我诚恳的祈愿！

图　曹莺

039

为自然生态祈愿文

慈悲伟大的佛陀！
我们居住的地球被摧残生病了！
自然，这个大地之母，现在已经：
花不飘香，鸟不歌唱，
远山不再含笑，流水不再清澈。
您看！
这里滥砍烂伐，
让大地的发丝渐秃渐黄；
那里废气污染，
弄脏了山川娇嫩的容颜。
我们天然的资源日益锐减，
大家未来的子孙不知如何生存？
我们呼吸的空气已经混浊，
人体的健康已经受到威胁。
慈悲伟大的佛陀！
人类的眼、耳、鼻、舌、身五根，

人类的贪、嗔、痴、慢、疑五毒，
即将摧毁了美丽的地球，
即将瓦解了自然的生态。
慈悲伟大的佛陀！
让我们和我们的下一代，
能在星斗高挂的夜晚，
与萤火虫一起游戏；
能在碧波海边的沙滩，
与大自然同歌共舞；
能在参天大树的密林，
享受清新的空气；
能在一望无际的原野，
与万物共同成长。
请您给我们柔软的手掌，
抚慰世间一切的有情；
请您给我们倾听的双耳，
谛听自然万象的天籁；
请您给我们明亮的眼睛，
发觉天地无尽的宝藏；
请您给我们慈悲的心意，
保护地球寰宇的生态。
慈悲伟大的佛陀！
我们要努力让大地重现美丽容颜，
我们要努力让自然回归庄严净土。

慈悲伟大的佛陀！
恳请您纳受我衷心的祈愿！
恳请您纳受我衷心的祈愿！

图　曹莺

040

为「九二一」台湾大地震祈愿文

慈悲伟大的佛陀！
台湾发生地震了！
您可曾听到苦难众生的呼号？
您可曾看到亲人离散的惨痛？
佛陀啊！佛陀！
那是人间地狱发出的哀嚎！
那是娑婆浩劫传出的声音！
慈悲伟大的佛陀！

那里，
　山崩地裂，房倒屋毁，
那里，
　楼倒人亡，触目惊心；
　多少人身陷灾区中，日夜恐慌；
　多少人困在危地里，无法出离；
　在一夕间，骨肉离散，天人永隔；
　在刹那间，家园全毁，财物尽失。

他们多么需要
救难人员及时来到！
他们多么需要
佛陀您加持与庇护！
他们有的不幸罹难了，
他们有的无辜伤残了。
慈悲伟大的佛陀！
祈求您的加被
让他们生者消灾免难，健康如昔；
让他们亡者往生佛国，莲登九品。
慈悲伟大的佛陀！
请求您让他们都能体悟，

现实的家园会有成住坏空，
自己的本性才能永恒安住；
请求您让他们都能了解，
即使骨肉至亲，
也会有生离死别，
只有证悟解脱，
才是究竟的依靠。
慈悲伟大的佛陀！
请求您庇佑劫后余生的人们，
赐给他们再生的信心，
让他们知道：活着就有希望；
赐给他们向前的勇气，

让他们明白：生存就是力量。

慈悲伟大的佛陀！

请您给他们福佑，

让他们身心的创伤

赶快转危为安；

让他们悲痛的情绪

得到转苦为乐。

请求您让他们明白，

唯有振作精神，重整家园，

才能让亡者得到最大的安慰，

才能让自己得到最后的成功。

我们更祈求，

这次的灾情不要再扩大，

类似的祸害不要再发生。

更祈求您加被所有的民众，

让大家都知道

一定要在平时做好防范工作，

让大家都体会

必须要互助合作，居安思危。

慈悲伟大的佛陀！

请求您接受我至诚的祈愿，

请求您接受我至诚的祈愿。

图　曹莺

041

为不务正业者祈愿文

慈悲伟大的佛陀！
我要向您诉说心中的不平，
因为一些不务正业的人，
他们危害社会与家庭的和乐。

佛陀！
即使微小的蝼蚁，
也负有工作的任务；
即使干枯的种籽，
也负有神圣的使命。
身为万物之灵的人类，
焉能没有正当的工作？
焉能没有远大的抱负？

慈悲伟大的佛陀！
那些不务正业的人，
他们虽有聪明才智，
却不愿付出血汗，辛勤工作；

他们尽管身根健全，
却只想不劳而获，坐享其成。
他们为了自己的享受，
从事不正当的职业，
不惜巧取他人辛苦赚来的财物，
不惜损伤他人艰难积聚的利益，
慈悲伟大的佛陀！
他们为什么
将快乐建筑在别人的痛苦上？
他们为什么
把伤害横加在别人的身心上？
慈悲伟大的佛陀！

不务正业者的背后，
或许有辛酸的过去；
不务正业者的心中，
或许有沧桑的故事。
佛陀！
人人皆有佛性，
人人皆可回头。
他们要从果上痛下治标的针砭，
他们要从因上找到治本的方法。
希望不务正业的人，
在佛陀您的加被下，
不要再自甘堕落，

不要再自毁前程。
希望社会的每一份子，
都能具有道德勇气，
给予他们谆谆开导，
使其改邪归正；
希望家庭中每一个人，
都能拥有慈心悲愿，
给予他们循循善诱，
使其迁恶向善。
慈悲伟大的佛陀！
请求您接受我至诚的祈愿，
请求您接受我至诚的祈愿。

图　李善阳

042

为好战好斗者祈愿文

慈悲伟大的佛陀！

因为您倡导慈悲和平的法音，

所以今天我要以沉重的心情，

向您倾诉心中的不平与遗憾：

人类为了贪欲而好战好斗，

人类为了嗔怒而好战好斗，

人类为了邪见而好战好斗。

那些好战好斗的人，

让善良的人们受到伤害，

让无辜的人们受到波及。

他们发动战争，侵略弱小；

他们制造纠纷，扰乱和平；

他们两舌恶口，施加暴力；

他们争名夺利，唯恐落人之后；

他们逞凶斗狠，危害社会大众；

他们让原本八苦交煎的娑婆世界，

顿时变成了人间地狱。
慈悲伟大的佛陀！
祈求您让后世的人都能知道：
自我毁灭之路，
是好战好斗者的结果。
祈求您让好战好斗的人都懂得：
兄弟反目，受害的是父母；
夫妻吵闹，受害的是儿女；
同事相争，受害的是主管；
政要互斗，受害的是国家；
两国交攻，受害的是人民；
最后受害最大的，
还是他们自己！
慈悲伟大的佛陀！
您曾说过：
「去胜负心，无诤自安。」
祈求您感化所有的好战好斗者，
用宽容打开他们褊狭的心扉；
用慧光照亮他们黑暗的心房；
用慈悲修补他们创伤的心版；
用喜舍填满他们贪婪的心坎。
祈求佛陀您的加被，
从今天起，
全世界的人

应发愿奉行您的垂示，
同心协力共创幸福美满的社会，
团结合作成就和平共存的人间。
慈悲伟大的佛陀！
请求您接受我们至诚的祈愿，
请求您接受我们至诚的祈愿。

图　王向明

043

为社会失业者祈愿文

慈悲伟大的佛陀！
请您垂听我诚恳的祈愿：
世间上充满了万千的悲苦，
尤以失业最为恼人。
慈悲伟大的佛陀！
失业有各种不同的原因——
有的是因经济衰退，被迫裁员；
有的是因无法适任，离开职务；
有的是因竞争激烈，丧失机会；
有的是因兴趣不合，辞去工作。
他们正在等待就业的机会，
他们正在等待有心的善缘。
在这些失业者当中——
当他们看到嗷嗷待哺的儿女时，
真是忧心如焚；
当他们面对等待养活的亲人时，

真是痛苦难堪。
他们的心情如刀割一样，
他们的思绪像乱丝一样。
慈悲伟大的佛陀！
祈求您加被这些失业的人，
让他们振作起来，仰望光明；
让他们挺直腰身，重新出发；
让他们获得雇主的欣赏，
让他们发挥自己的所长。
让他们虽有独立的傲骨，
但要了解世间形势比人强；
让他们虽有更高的理想，
但要懂得一切须从长计议。
慈悲伟大的佛陀！
请您让天下所有失业的人都知道：
失业并不可耻，
无志才是可悲！
慈悲伟大的佛陀！
祈求您让所有失业者都能懂得：
失业正可以反观自照，
失业正可以休养生息，
失业正可以充实自我，
失业正可以砥砺志节。
更祈愿天下所有失业者的家属，

都能给予失业者信心鼓励，
都能给予失业者软言慰藉，
希望失业者能顺利找到工作，
希望失业者能寻出未来方向。
慈悲伟大的佛陀！
请求您接受我至诚的祈愿，
请求您接受我至诚的祈愿。

图　王向明

044

为流浪者祈愿文

慈悲伟大的佛陀！

今天我要以沉重的心情向您禀白：

尽管现今的社会，

　科技发达，衣食充裕，

但还是有，

　到处飘零、无依无靠的流浪者。

他们，衣衫破旧褴褛，

发爪从未修剪；

他们，以市街做房舍，

　以乞讨来维生。

他们的眼中没有希望，

他们的脸上布满尘劳，

慈悲伟大的佛陀！

祈求您垂怜这些流浪者，

　帮助他们拥有健全的身心，

帮助他们点燃未来的希望。

让他们找到正当的职业，
让他们拥有幸福的人生。
请求您悯念所有的流浪者，
请帮助他们拥有奋斗的意志，
请帮助他们拥有良好的善缘，
请让他们懂得感恩惜福，
请让他们知道努力进取。
慈悲伟大的佛陀！
在这个世间上，
除了形骸的流浪者之外，
还有心灵出走的流浪者，
他们贪婪无度，需索无穷；

他们心神不宁，不知所止；
祈求您将他们，
从无主的陷阱中解救出来，
让他们懂得实事求是，
让他们懂得喜舍助人。
慈悲伟大的佛陀！
祈求您赐给他们佛法的指引，
让他们知道自助才有人助；
祈求您赐给他们坚毅的力量，
让他们明白自立才能自强。
慈悲伟大的佛陀！
更祈求您加被天下的流浪者，

让大家找到身心安住的家园，
让大家踏上康庄平坦的大道。
慈悲伟大的佛陀！
请求您接受我至诚的祈愿，
请求您接受我至诚的祈愿。

图　詹健一

045

为无家无国者祈愿文

慈悲伟大的佛陀！
请容许我向您倾诉心中的悲痛：
当我们过着安居乐业的生活时，
在世间上的某些角落里，
却有许多无家无国的人，
过着辛酸忧苦的日子。
他们之中，
有的是因国破家亡而流离失所，
有的是因烽火战乱而离开家园，
有的是因政治因素而被迫逃亡，
有的是因谋生方便而偷渡异乡。
他们如同流水失去源头，
他们如同花卉失去根本，
他们怀念着故国的风土人情，
他们记挂着家乡的父老兄弟。
慈悲伟大的佛陀！

请求您哀悯这些无家无国的人，
　让他们都能获得安全的保障，
　让他们都能实践自在的生命。
希望有人能展开双臂，
　助他们一臂之力；
希望有人能发大慈悲，
　抚慰他们的伤痛。
更祈求佛陀您，
赐给他们良好的因缘，
解除他们现在的困境。
慈悲伟大的佛陀！
还有另一类无家无国的人，

他们有的舍离家园，抛弃亲人。
他们有的卖国求荣，危害社稷。
祈求佛陀您加持他们，
　让他们能从心牢里超脱出来，
　让他们能改邪归正重新做人。
慈悲伟大的佛陀！
祈求您庇佑加持，
让无家无国的人，
都能皈投在您的国中。
在您的佛国净土里，
没有肮脏的污染，
　只有清净的环境；

没有人我的是非，
只有和谐的眷属；
没有怨敌的相残，
只有互助的友爱；
没有生活的劳苦，
只有安乐的满足；
没有阶级的差别，
只有德化的和平；
没有流浪的苦汉，
只有欢喜的法侣。
慈悲伟大的佛陀！

请求您接受我至诚的祈愿，
请求您接受我至诚的祈愿。

图　李善阳

046

为暴力倾向者祈愿文

慈悲伟大的佛陀！
　请您垂听弟子沉重的心声：
血腥暴力的事件，
　不断发生在我们的周遭；
狂暴愚鲁的行为，
　不断蔓延到我们的生活。
原本慈爱的父母，
　因一时的气愤而虐害亲子；

原本天真的少年，
　因一时的嫉恨而痛杀友伴；
原本恩爱的夫妻，
　因一时的口角而互相殴打；
原本孝顺的儿女，
　因一时的愚痴而弑父害母。
慈悲伟大的佛陀！
　这些暴力的行为啊！

虽是可恨，但也可悲！

因为——

怨怼已经蒙覆了自己的善念，

愤恨已经遮蔽了自己的双眼，

嗔恚已经控制了自己的行为，

杂染已经充斥了自己的心性。

慈悲伟大的佛陀！

我们要祈求您的加持——

请让慈悲抚慰他们的意念，

请让理智开启他们的双眼，

请让恩义扭转他们的行为，

请让欢喜解放他们的心性。

让他们都懂得，

尊重才能真正的疏通情谊；

让他们都知道，

忍耐才是勇者的最佳表现。

佛陀！

我们明白，

大家都应该负起净化社会的责任，

我们要散播欢喜的种籽，

希望大家从今以后，

没有粗暴的行为；

希望大家从今以后，

去除疑嫉的恶念。

慈悲伟大的佛陀！
祈求您加被我们，
都能走出暴力的阴影，
都能学您的慈心三昧，
让人间洋溢着柔和的气氛，
让世间充满了善良的风范。
慈悲伟大的佛陀！
祈求您接受我至诚的祈愿，
祈求您接受我至诚的祈愿。

图　刘昕

047

为贫苦大众祈愿文

慈悲伟大的佛陀！
祈求您垂听弟子祈愿的心声：
世界上有许多人遭逢不幸，
成为无依无靠的贫苦者。
他们三餐不继，衣物缺乏，
有的人染患传染病，
有的人成为流浪汉。
慈悲伟大的佛陀！

贫苦的人不一定渴求救济，
他们最需要的是人生的尊严；
贫苦的人不一定期盼呵护，
他们最需要的是生活的自主。
许多贫苦的人一旦有机会，
也能成功立业；
许多贫苦的人如果有因缘，
也能成为伟人。

佛陀！祈求您加被所有贫苦的人，
让他们力争上游，不要懈怠；
让他们精进奋发，永不退缩。
在我有生之年，如有一点余力，
我愿济助穷困贫苦的人，
让他们免于一时的英雄路短；
我愿支持鳏寡孤独的人，
让他们知道世间还有有缘人。
慈悲伟大的佛陀！
社会上还有另一类的穷人，
他们虽然家财万贯，却悭吝不舍；
他们虽然坐拥财富，却为富不仁。

他们成为名利的僮仆，
食不知味；
他们成为贪欲的牛马，
丧失欢喜；
他们被称为「富有的穷人」，
他们的心中苦不堪言，
他们的生命已无光热。
慈悲伟大的佛陀！
祈求您加被他们，
让他们将身心的痛苦
转为安乐，
让他们将生命的空无

转为真实。
祈愿未来的世界：
没有物质的匮乏，
大家都做心灵的富翁；
没有贫苦的现象，
大家都做自在的主人。
慈悲伟大的佛陀！
请求您接受我至诚的祈愿，
请求您接受我至诚的祈愿。

图　谢明錩

048

为误入歧途者祈愿文

慈悲伟大的佛陀！
我要向您由衷地诉说：
我们的世界充斥着无限的诱惑，
我们的眼前面对着无边的考验。
您看！
有的人经不起诱惑，丧失自我；
有的人经不起考验，随波逐流；
有的人彷徨失措，迷失方向；
有的人抉择不慎，跌入幽谷。
他们沉沦在物欲洪流中，
欲振乏力；
他们陷身于罪恶渊薮中，
无法自拔。
有的逃学跷家，流浪街头；
有的怨天尤人，自暴自弃；
有的伙同朋党，好胜斗狠；

有的亲友蒙羞，人人唾骂。

慈悲伟大的佛陀！
祈求您哀悯所有误入歧途的人，
让他们及时回头，
让他们知道悔改，
让他们负起责任，
让他们重新做人。

慈悲伟大的佛陀！
他们有的结帮结派，
他们有的投身赌场，
他们有的贩毒维生，
他们有的偷窃诈骗，

慈悲伟大的佛陀！
「浪子回头金不换。」
我们多么希望他们能够觉醒，
我们多么希望他们能够转身。
就是以宰杀为业的屠夫，
也能放下屠刀，立地成佛；
就是恶贯满盈的罗刹[1]，
也能因悔改而转变命运。
像杀人魔王鸯掘摩罗[2]，
因忏悔前愆而证悟罗汉果位；
像恐怖杀手宫本武藏，
因改邪归正而成为一代剑圣。

慈悲伟大的佛陀！

祈求您的大力庇佑，

让那些误入歧途的人，

赶紧回头转身；

让那些误入歧途的人，

能够走向正途。

慈悲伟大的佛陀！

祈求您接受我至诚的祈愿。

祈求您接受我至诚的祈愿。

① 恶鬼名。暴恶可畏力气大，后为佛教守护神，称罗刹天。

② 信邪师言杀人一千。佛怜悯为其说法，忏悔改过而证悟。

图　何哲生

049

为受刑者祈愿文

慈悲伟大的佛陀！
弟子在您的座前，
　为天下的受刑人向您祈愿。
在我们的社会上有一个地方，
存在著这么一个阴暗无光的角落，
他们是一群身陷囹圄的受刑人，
他们在重重叠叠的铁窗下，
　无法享受家庭的温暖，
　只有无尽长夜的凄凉；
他们在警备森严的牢房里，
　无法拥有亲人的慰问，
只有冷酷无情的监视；
他们在高墙铁网的围绕下，
无法得到社会的关怀，
　只有求助无门的失望；
他们在一把一把的枷锁中，

无法获得人格的尊重，
只有折磨难堪的屈辱。
他们像无依无靠的浮萍，
在苦海里漂啊漂的荡漾；
他们像在暴风雨中的路人，
在暗夜中行啊行的颠簸。
慈悲伟大的佛陀！
或许他们真的是犯了错，
应该要有法律的制裁；
但也有的是被诬陷了，
遭受不白之冤；
也有的是轻罪，但得到了重罚。

祈求您给他们的鼓舞，
祈求您给他们的力量，
让他们不要再重蹈覆辙，
让他们不可再自暴自弃。
慈悲伟大的佛陀！
请求您帮助每一位受刑人，
记取往昔的教训：
在嗔恨的时候，散播慈悲的种子；
在仇恨的时候，施予宽恕的体谅；
在疑虑的时候，培养信心的力量；
在失意的时候，提起明天的希望。
慈悲伟大的佛陀！

祈求您给他们一个

反省忏悔的机会，

让他们早日走出关闭的牢狱；

祈求您

给他们一个重新改过的因缘，

让他们早日解脱痛苦的枷锁。

让受刑人在付出赎罪的代价时，

能获得社会大众的原谅。

我们应歌颂他们改过自新的勇气，

我们应赞叹他们浪子回头的榜样。

慈悲伟大的佛陀！

请求您接受我至诚的祈愿，

请求您接受我至诚的祈愿。

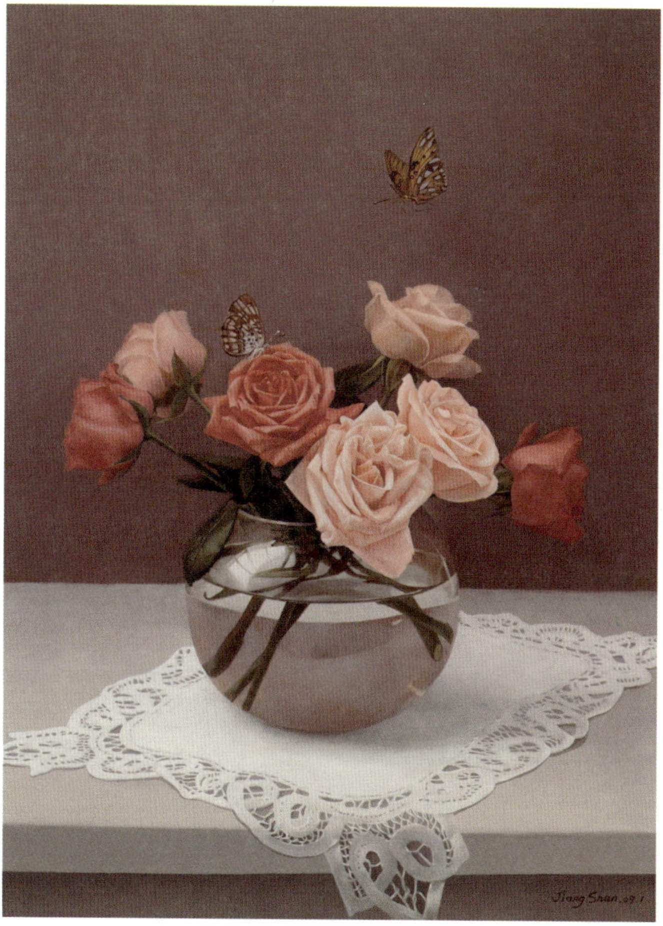

图　姜珊

050

为死囚祈愿文

慈悲伟大的佛陀！
您一定听过死囚在铁窗里，
　唏嘘哀悔的叹息；
您一定看过死囚戴着脚镣，
　走过灰暗的长廊。
其他受刑人数着返家的日期，
　他们却在等待赴刑的日子；
其他受刑人想象美好的明天，
　他们只希望时光能够倒流。
祈求佛陀您的加被，
让他们知道因果是相连的，
今天刻骨铭心的教训，
　能为他们带来永世的觉醒，
　以弥补往昔深重的罪业。
他们之中，
有重大刑案的主角，

也有代罪受苦的羔羊；
有前科累累的惯犯，
也有首触法网的囚徒。
祈求佛陀您的眷顾，
让司法人员勿枉勿纵，
给予刑案公平的判决。
慈悲伟大的佛陀！
死囚们也曾有天真的童年，
可惜在前进时迷失了方向；
死囚们也曾有助人的善念，
可叹在邪恶里软弱了意志。
希望他们能将桎梏，

作为修持身心的磨炼，
好好守住自己的六根；
希望他们能将高墙，
视为反省疗伤的屏障，
认识内在无形的宝藏。
希望他们诚心的忏悔，
能获得家人和全民的原谅；
希望他们亲身的经历，
能给予社会和大众的警示；
慈悲伟大的佛陀！
祈愿未来的社会，
没有犯人，

也没有病人，
　只有救苦救难的善心人士；
祈愿未来的世界，
没有施害者，
也没有受害者，
　只有永不退转的人间菩萨。
慈悲伟大的佛陀！
请求您接受我至诚的祈愿，
请求您接受我至诚的祈愿。

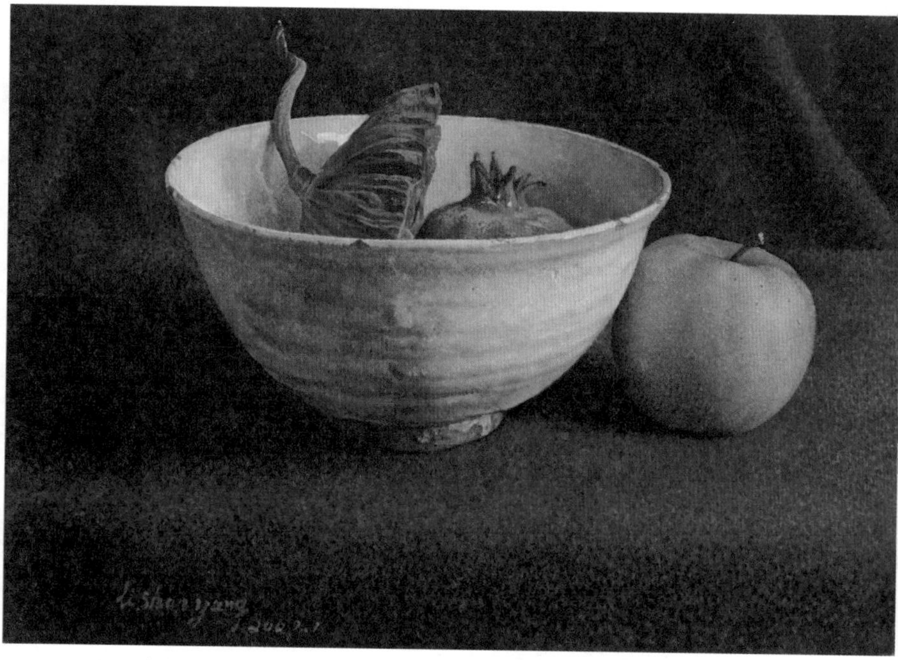

图　李善阳

051

探病祈愿文

慈悲伟大的佛陀！
救苦救难的观世音菩萨！
在此向您们报告，
您的弟子〇〇现在生病了，
他非常渴望您的加持庇佑。
我们知道：
世间的得失皆有前因，
人生的苦乐都有所缘。

我们今天来探望他，
希望他能获得祝福，
希望他能离苦得乐。
虽然他躺卧在病床上，
我们愿以一颗虔诚恳切的心，
代他向佛陀您顶礼膜拜，
代他向佛陀您发露忏悔。
祈愿您，伟大的佛陀！

大慈大悲观世音菩萨！
愿您以慈悲威力庇佑他，
消除他无始以来的业障，
减轻他四大不调的痛苦，
让他的色身解脱病魔的桎梏，
让他的心灵保持乐观的态度。
愿以般若神勇加持他，
培养他面对未来的信心，
增加他奋发向上的力量，
让他知道法身没有丝毫病恼，
让他懂得真心没有片云污染。
慈悲伟大的佛陀！

弟子〇〇从佛陀您的教诲中，
已经了知：
凡事皆有因缘，
凡事皆有前定。
身体虽病，
但是不怨天尤人，
不懊恼自叹；
心中虽苦，
仍然心甘情愿，
与病为友。
伟大的佛陀！
愿您慈悲加被，

让弟子〇〇居士，
身体从此早日康复，
心境从此安详自在，
生活从此少烦少恼，
家庭从此和谐顺遂。

慈悲伟大的佛陀，
我们愿以一炷清香向您祈求，
我们愿以一曲梵音向您赞美，
我们愿以芬芳花果向您供养，
我们愿以至诚心意向您祝祷。

慈悲伟大的佛陀，

救苦救难的观世音菩萨，
祈求您们慈悲接受我们的祈愿！
祈求您们慈悲接受我们的祈愿！

图　刘昕

052

为残障者祈愿文

慈悲伟大的佛陀！
今天弟子带着沉重的心情
告诉您：
您所垂爱的众生，
　多少人在苦难里生活！
您所化导的人间，
　多少人在绝望中哭泣！
他们，有的人受着老病死的折磨，
他们，有的人受着贪嗔痴的戕害；
更有甚者，
有的人双目失明，
　不能见到这美好的世界；
有的人耳朵失聪，
　不能听到您说法的声音；
有的人颜面伤残，
有的人四肢不全，

有的人精神失常，
有的人智能不足。
他们
　呼天，天不应；
他们
　喊地，地不灵。
甚至亲朋好友远离而去，
甚至善因助缘也不足够。
唯有祈求您，佛陀，
祈求您让疾病者能得到康复，
不能康复者，
　也希望他们的痛苦能够减少；
祈求您让残缺能得到复健，
不能复健者，
　也希望他们的苦难不要加深。
慈悲伟大的佛陀！
娑婆苦海，三界火宅，
　人生找不到安乐的国土，
　人生找不到归命的方向。
唯有您，佛陀！
您是苦海的慈航，
您是暗夜的明灯。
佛陀！
只有您是苦难众生的慈父，

只有您是彷徨众生的导师，
希望您的大雄大力，
　能让三界九地众生都能蒙庇，
希望您的慈悲威德，
　能加被所有身心障碍的众生。
慈悲伟大的佛陀！
祈求您给我们垂救，
给我们接引吧！
慈悲伟大的佛陀！
祈求您给我们垂救，
给我们接引吧！

图　詹健一

053

为鳏寡孤独者祈愿文

慈悲伟大的佛陀！
有句话说：「独乐乐不如众乐乐。」
多少鳏寡孤独的人，
已经深切体会这句话的含义了。
他们之中——
有的人丧失了生活的依靠，
有的人丧失了生存的意义，
有的人甚至于心灰意冷，
有的人甚至于一蹶不振，
啊！佛陀！
祈求您加被所有鳏寡孤独的人，
增加他们坚毅的勇气，
让他们都能化悲痛为力量，
走出失去亲人的阴影；
重建他们乐观的信心，
让他们都能转烦恼为菩提，

迎向安详宁静的未来。

慈悲伟大的佛陀！
您会知道，在这个世间上，
有人非亲非故，
却像亲人一样；
像鲍叔牙、管夷吾的患难与共，
像左光斗、史可法的情同父子，
智严法师[1]为麻风病人吮脓洗涤；
法遇大师[2]在灾荒时期割肉赈饥；
他们的善行点亮了人性的光明，
他们的操守写下了温馨的篇章。
慈悲伟大的佛陀！

在这个娑婆苦海里，也有许多人，
他们让亲人家外找家，
他们让眷属伤心离散；
他们的家中没有了欢笑，
他们的心灵充满了不安；
祈求佛陀您加被他们，
让他们都能明白，
亲人眷属是自己的好因好缘，
人伦亲情是自己的家园苗圃。
慈悲伟大的佛陀！
您也曾为父担棺，为母升天说法，
您也曾为病者煎药，为盲者穿针，

您也曾为弟子提汤倒水，
甚至临终时，
还不辞辛劳为须跋陀罗[③]说法。
我们要发愿实践您的遗教，
将一切众生都视为至亲伴侣，
将所有恩怨都化为道情法爱，
让天下的女士都成为我们的母姊，
让天下的男士都成为我们的父兄。
慈悲伟大的佛陀！
请求您接受我至诚的祈愿，
请求您接受我至诚的祈愿。

① 唐朝江苏人，智勇双全。入牛头山，受法融禅师启发而开悟。
② 晋僧礼道安为师。有寺僧饮酒，受杖自责，众人钦敬。
③ 佛陀最后一位弟子，时年一二〇岁。

图　王向明

054

为绝症患者祈愿文

慈悲伟大的佛陀！
我们有时候会听到一种
无助的声音，
呼喊着：「绝症，为什么会是我？」
那是世间上最无奈的问话！
那是世间上最悲哀的叹息！
佛陀！
当人得知自己罹患绝症的时候，
就像听到法官为他宣判死刑。
顿时，
他感觉身体好像破洞的扁舟，
随时有翻覆苦海的危险；
他感觉心灵仿佛泄气的轮胎，
丧失了奋斗前进的意志；
他感觉生命恰似断线的风筝，
即将飘向不可知的天际；

他感觉未来如同变调的琴弦，
　无法按照曲谱弹奏下去。
慈悲伟大的佛陀！
绝症患者恐惧死神的来临，
　更害怕病苦疼痛的折磨；
因为那病苦疼痛的折磨，
　不但啃噬着患者，
　也让照顾的亲人心力交瘁，
从此，温馨的家庭化为愁城。
从此，欢乐的人生变成苦海。
慈悲伟大的佛陀！
祈求您万分怜悯绝症患者，

减轻他们病痛的煎熬，
赐给他们坚强的毅力，
鼓舞他们生存的意志，
激发他们乐观的思想。
您看！
深秋的残叶也会有优美的舞姿，
草原的露珠也散发美丽的光芒；
祈求佛陀您能加持患者，
让他们都能懂得：
生命的尊严不在于老少，
　而在于它给人的怀念；
生命的意义不在于长短，

而在于它给人的典范。
慈悲伟大的佛陀！
请您用法水涤除患者的忧虑，
让他们都知道，
自己是示疾[1]说法的菩萨；
自己是莲华女[2]化现的圣者。
慈悲伟大的佛陀！
请求您接受我至诚的祈愿，
请求您接受我至诚的祈愿。

① 《维摩经》载：维摩示疾，称其病「以众生病，是故我病」。
② 曾自暴自弃。皈投佛陀后努力修行，比丘尼中誉为神足第一。

图　詹健一

055

为往生者祈愿文

慈悲伟大的佛陀！
今天亡者〇〇居士世间尘缘已尽，
放弃因缘和合的身体。
请求您，佛陀！
接引他到清净自在的佛国，
让他无诸苦恼，
　但受诸乐；
让他花开见佛，
　见闻佛乘。
现在——
　他满堂的子孙与亲朋好友，
　都肃立在您的座前恭候着，
　恭候着您的垂爱护念，
　恭候着您的接引开导。
伟大的佛陀！
亡者〇〇君，

他是您的虔诚信仰者，
他为社会急公好义，
他对大众慈悲关怀。
为家庭，他勤劳奉献；
为亲友，他竭尽所能；
他能够父慈子孝，
他能够兄友弟恭，
他能够尊重和谐，
他能够持家立业，
此时此刻，我们也要劝请，
亡者〇〇居士：
你要放下万缘，
安心归去；
你要常随弥陀，
莲登上品；
念佛、念法、念僧，
修戒、修定、修慧。
他日有缘，
希望仁者能够乘愿再来；
他日有缘，
希望发菩提心行菩萨道。
愿你在佛陀接引之下，
托质莲邦，
受诸众乐；

悟无生忍，
得不退转。
从此不再受恶道的苦难，
从此不再受恶人的逼迫，
从此不再有男女情缘的缠绕，
从此不再有经济匮乏的烦恼。
那里有七宝行树，八功德水，
那里有诸上善人，聚会一处。
您就长眠安住吧！
或者，您就乘愿再来吧！
我们所有众等，

将无尽的哀思，
化作经声佛号，
将无限的回忆，
化为祝福感念。
如是祈愿，
祈求伟大的佛陀垂哀纳受，
祈求伟大的佛陀垂哀纳受。

图　刘昕

056

为亡者和遗族祈愿文

慈悲伟大的佛陀！
我们今天聚集在您的座下，
为〇〇居士举行超荐佛事，
我们今天不但为亡者祈愿，
　求生佛国净土；
也为生者祝祷，
　希望他们节哀顺变。
祈求佛陀您以慈悲神力
　化解他们难以消除的情执，
　给予他们解脱自在的加被。
慈悲伟大的佛陀！
您曾开示我们：
「生者皆有死，
　合会有别离。」
「万般带不去，
　只有业随身。」

生者应该了知：
生命的来去如同薪尽火传，
生死的转变如同搬家乔迁，
生既未曾生，何足以庆喜？
死亦未尝死，何足以悲伤？
最重要的是——
我们要发挥光热，
　照耀世间；
我们要尽己所能，
　庇荫众生。
慈悲伟大的佛陀！
○○居士在这一期生命中，
他所奉献出的生命光华，
　已为亲友留下芬芳的花果，
　已为世间留下美丽的回忆。
慈悲伟大的佛陀！
祈求您的加被，
用慈悲的和风吹干眷属的泪水，
用智慧的煦日照见生命的真义，
让大家谨记○○居士的金玉遗言，
让大家赞颂○○居士的善心功德，
　让他生命的光华延续到未来，
　让他生命的庭园不尽地繁衍。
如今，我要劝请○○居士！

世缘既了，弥陀接引，
你在此生的任务已经圆满了，
你应该即刻往生净土，
或乘愿再来。
你的家庭，
会受到诸佛菩萨的眷顾，
你的亲人，
会得到三宝龙天的护持。
慈悲伟大的佛陀！
恳切地祈求您，
让生者亡者各有所安，
让生者亡者各有所归。
慈悲伟大的佛陀！
请求您接受我至诚的祈愿，
请求您接受我至诚的祈愿。

图　李峰

057

为受虐儿童祈愿文

慈悲伟大的佛陀！
祈求您垂怜世间的儿童，
祈求您加护世间的孩儿，
因为有不少儿童遭受恶毒的鞭打，
因为有不少儿童遭受暴力的伤害，
他们在羞辱中无能脱困，
他们在无助下度日如年。
慈悲伟大的佛陀！

儿童是国家未来的主人，
儿童是人间未来的希望。
我们要发挥
幼吾幼以及人之幼的精神，
我们要怀抱
亲吾亲以及人之亲的胸怀；
祈求您让每一个儿童——
穷苦的，都能获得安乐；

饥饿的，都能获得温饱；
无依的，都能获得关怀；
苦难的，都能获得幸福。
让每一个孩子的童年，
充满了天空中灿烂的星星，
让每一个孩子的童年，
洋溢着园圃里花朵的芬芳。
慈悲伟大的佛陀！
天下所有的儿童幼小的心灵里，
都希望有一个无泪的睡眠；
天下所有的孩子无邪的思想里，
都希望有一个尊严的童年。

慈悲伟大的佛陀！
希望大人们的粗暴严厉，
能改为慈悲柔和；
希望大人们的无明责怪，
能变为光风霁月。
让世间上所有的儿童，
都能徜徉在青山绿水的怀抱中，
尽情地玩乐，
广泛地学习；
让世间上所有的儿童，
都能安住在光明喜悦的世界里，
让每一个儿童都能像善财童子①，

有五十三参的机会；
让每一个儿童都能像妙慧童女②，
能表现伟大的智慧；
慈悲伟大的佛陀！
请求您能接受我们至诚的祈愿！
请求您能接受我们至诚的祈愿！

① 出生时珍宝自然涌现得名。受文殊菩萨教诲，遍游诸国。
② 王舍城长者之女。年仅八岁，便能体会般若甚深空性。

图　龙力游

058

为受难妇女祈愿文

慈悲伟大的佛陀！
我要向您诉说，
生而为人是非常的不幸，
　种族歧视的难堪，
　贫穷下贱的悲哀；
尤其，生为妇女，
　幼年，父母管教的严苛；
　长大，夫家生活的艰辛；
　年老，子女离散的伤感。
慈悲伟大的佛陀！
请您启开您那慈悲智慧的双眼，
请您观察她们柔弱无助的神情。
佛陀！
请您演说众生平等的妙法，
　止息妇女饱受欺凌的泪河。
佛陀！

请您展开威势的法力神通，
摧破妇女充满不平的怨结。
慈悲伟大的佛陀！
请求您引导妇女们，
度过啼哭的长夜，
通过伤心的路程。
如蛹，羽化成蝶；
如莲，吐露芬芳。
慈悲伟大的佛陀！
请您降福给所有受苦的妇女，
让她们得到诸佛的护念，
让她们得到人间的温情，
让她们得到信仰的依靠，
让她们得到心灵的自由。
佛陀！慈悲伟大的佛陀！
愿世间的男性，
要远离优越感，
要远离自大狂，
对女性不再逞强施暴，
对女性不再欺凌践踏。
慈悲伟大的佛陀！
请您赐予妇女们勇气，
重建心灵的净土；
请您赐给妇女们智慧，

明了人间的实相。

让她们承受清凉的甘露，
让她们孕育温暖的佛光，
让她们沐浴喜悦的和风，
让她们呼吸自由的空气。

慈悲伟大的佛陀！
请您接受我虔诚恳切的祈求，
请您接受我虔诚恳切的祈求。

图　李晓峰

059

消灾免难祈愿文

慈悲伟大的佛陀！
我们的世界，
是一个罪恶的世界，
我们的人生，
是一个苦难的人生。
到处充满迫害，
到处遍布灾危。
　水火风的三灾无日无之，
　烧杀抢的八难天天都有，
　地狱恶鬼畜生遍满人间，
　贪嗔痴恨可说到处横行。
此地才听说绑票，
　彼处又再传枪战；
社会已经到了
亲不像亲、友不像友的地步了！
还有：多少的冤狱难申！

还有：多少的委屈难平！
　合伙经商会被人拐骗，
　投资图利会被人榨取。
我们感受到人间，到处是：
　能欺则欺，能骗则骗。
在万般无奈之下，
只有祈求佛陀您：
让我们用您的安忍，
　去抚平世间的坎坷；
让我们用您的慈悲，
　来导正暴力的行为；
让我们用您的戒法，
　来健全自我的身心；
让我们用您的禅定，
　作自己安住的力量。
我祈愿佛陀，从今而后：
我如果遇到恶人，
恶人能生善念；
我如果遇到刀兵，
刀兵能有慈心；
在干旱的日子里，
苍天能降甘露；
在风雨的灾难时，
天候能早正常。

让我们所看到的都是美好的世界，
让我们所听到的都是美好的音声，
让我们所说的都是美好的语言，
让我们所做的都是美好的事情。
慈悲伟大的佛陀！
　我一心一意地向您祈愿：
今后的世界，
　都能三灾消除八难不生；
所有的众生，
　都能五盖消除万苦不生。
伟大的佛陀！
请求您接受我至诚的祈愿，
请求您接受我至诚的祈愿！

图　龙力游

060

临终祈愿文

慈悲伟大的佛陀！
我病了，
病得很久，病得很重，
伟大的佛陀，祈求您
在我生命的最后一刻，
我自知世缘将尽，
我也不再牵挂，
只是请您护卫我、加持我，
我不再牵挂亲友，
我不再执著身心，
我也不再追悔过去，
我也不再妄求未来。

慈悲伟大的佛陀！
当我流动的呼吸缓缓地减慢，
当我跳跃的脉动渐渐地转弱，
当我眼耳和鼻舌停止作用，

当我身体的器官不再运行，
我像远处归来的游子，
　乘着金色的莲华，
回到光明极乐的净土。
慈悲伟大的佛陀！
我要将我所有的骨髓血肉，
　还给天，付于地，
随着大自然的运转，
　化作熏风和养分，
　年年月月滋长万物。
我要将我所有的心意全部
　施于众，施于人，
奉献给佛法僧的周遭，
　化作一瓣香花，
　时时处处地供养十方。
让憎恨我的人，
　得到我的祝福；
让爱护我的人，
　分享我的宁静；
慈悲伟大的佛陀！
我终于了然：
　生命如坚韧的种籽，
　花落果成，生灭不息。
　生命如涓涓的流水，

法音清流，绵绵不断。
此时此刻，
我只是短暂的告别。
在诸佛菩萨和诸上善人的
接引之下，
未来的生命，
希望我有乘愿再来的机缘。
我还要学习。
更广大的仁慈，更精深的智慧。
慈悲伟大的佛陀！
尘缘已了，世缘已尽。

佛光真明，净土呈现
祈求您，佛陀，
在我生命的最后一刻，
让我不再贪恋，不再恐惧，
如游子回家的欢喜，
如囚犯释放的自由，
如落叶归根的自然，
如空山圆月的明净。
慈悲伟大的佛陀！
请您接受我至诚的祈愿，
请您接受我至诚的祈愿。

图　詹健一

061

为三军将士祈愿文

慈悲伟大的佛陀！
战鼓咚咚，炮声隆隆，
不是这边烽火连天，
就是那边战云弥漫。
在炮火枪声之下，
有的地方血流成河，
有的地方一片焦土。
多少生灵涂炭，
多少哀鸿遍野，
多少人家园被毁，
多少人妻离子散。
慈悲伟大的佛陀！
人间最可贵者无如生命，
但是，战争啊！
让多少生命之火熄灭了！
让多少生命之光黯然了！

伟大的佛陀！
为了保国卫民，
我们的空军冒着飞弹袭击的危险，
我们的海军与恶浪敌舰搏斗，
我们的陆军在沙场浴血奋战，
他们不分昼夜，枕戈待旦，
他们不计危险，出生入死，
以他们可贵的性命，
捍卫国家的疆土。
慈悲伟大的佛陀！
祈求您的大力加持，
愿我们的战士们，
都能了解敌我，
免于危险；
都能善于用兵，
主持正义；
都能悲智双运，
武德获胜；
都能仁勇兼具，
不战而胜；
都能以大无畏的精神，
作国家之干城；
都能以大慈悲的勇气，
作人民之依怙。

慈悲伟大的佛陀！
请您庇佑我们的战儿们，
免于殉难的危险，
免于病痛的苦恼，
免于天灾的侵扰，
免于疠疫的传染。
让他们能够安邦定国，
让他们能够平安归来。
慈悲伟大的佛陀！
请求您接受我们的祈愿！
请求您接受我们的祈愿！

图　圆性法师

062

为探险者祈愿文

慈悲伟大的佛陀！
请您垂听我的祈求：
在这世间上，
有很多大智大仁大勇的人，
他们为了全球人类的利益，
有的在深海找寻宝藏，
有的在沙漠探勘油矿，
有的在旷野挖掘古迹，
有的在高山找寻机缘。
他们为了社会大众的福祉，
冒着性命的危险，
只想为大家找寻更多的资源。
但是，佛陀啊！
那许多伟大的探险者，
有的命丧于深海之中，
有的暴尸于漠漠黄沙，

有的葬身于虎狼之腹，
有的罹难于高山深谷。
您看深海的探险者，
有时在滔天巨浪中翻腾，
有时在险恶漩涡里挣扎，
您看旷野的探险者，
有时被蔓藤荆棘纠缠，
有时被石块树枝绊倒。
您看荒漠的探险者，
有时在茫茫黄沙中不知所止，
有时在飞灰烟瘴中迷失方向，
您看高山的探险者，

有时在悬崖峭壁中进退两难，
有时在崇山峻岭间上下无路。
慈悲伟大的佛陀！
请求您让这些探险者，
都能够平平安安地回家，
都能够和妻儿亲人团聚。
慈悲伟大的佛陀！
面对这些伟大的探险家，
让我们感到自己的卑微。
我只如井底之蛙，
为个己的生命存在。
慈悲伟大的佛陀！

我要在您的座下祈愿：

愿我，历经险恶永不退缩，

愿我，遭逢苦难永不灰心。

愿我在每一个当下，

和探险家一样勇于探索；

愿我在每一个时刻，

和探险家一样勇于历练；

慈悲伟大的佛陀！

请求您接受我衷心的祈愿！

请求您接受我衷心的祈愿！

图　圆性法师

063

为环卫工人祈愿文

慈悲伟大的佛陀！
在人生各行各业当中，
我们最感谢的就是环卫工人。
他们每天比太阳还要早起，
他们每天比时钟还要准确，
他们的工作就是和脏乱奋斗，
他们的任务就是将清洁给人。
慈悲伟大的佛陀！

每天清晨，
就可以听到他们扫把
沙沙的声音，
每到黄昏，
又看见他们全身的灰尘和汗水，
他们不畏黑夜，不惧寒冷；
他们不嫌脏乱，不怕恶臭。
一站一站地收拾人们不要的垃圾，

一处一处地扫净街道巷弄的污秽。
他们不惧疾病的传染，
他们不畏工作的繁重，
只为每天一早，当人们推开家门，
就能嗅到清洁的空气，
就能看到干净的道路。
慈悲伟大的佛陀！
在环卫工工作的时候，
汽车从他们身旁急驶而过；
还会遭受醉汉的侵扰；
他们经常为玻璃碎片所伤，
他们经常受铁丝铁钉所刺，

但是他们仍把人们丢弃的垃圾，
重新变换成能源！
重新再成为肥料！
慈悲伟大的佛陀！
祈求您的加被，
让他们在打扫街道的时候，
能扫去自己烦恼的尘埃；
让他们在扶起路树的时候，
能栽植自己心中的菩提；
让他们在处理垃圾的时候，
能消除自己累劫的灾殃；
让他们在清理水沟的时候，

能涤除自己往昔的业障。
请让他们在社会上，
能受到大家的尊敬；
请让他们在居家时，
能受到家人的赞赏。
慈悲伟大的佛陀！
祈求您保护所有的环卫工，
让他们的世界快乐而祥和，
让他们的未来平安而美好！
慈悲伟大的佛陀！
请您接受我至诚的祈求，
请您接受我至诚的祈求。

图　圆性法师

064

为农渔劳工祈愿文

慈悲伟大的佛陀！
我要向农渔劳工表示由衷的感谢，
我要向农渔劳工提出祈愿与祝福，
因为有了他们，
人类的生活才得以丰衣足食，
国家的存在才得以安和乐利，
社会的经济才得以繁荣进步，
实业的发展才得以稳定成长。

慈悲伟大的佛陀！
您可曾看到农民的辛酸？
一次的风雨来袭，
可能让他们损失惨重；
一次的害虫肆虐，
可能让他们心血白费。
慈悲伟大的佛陀！
您可曾听过渔民的心声？

他们做的是杀害的行为，
但他们过的是辛苦的生活。
从事海洋渔业的人，
恶浪可能把他们卷走，
从事养殖渔业的人，
一次废水污染，
可能让他们血本无归；
佛陀啊！佛陀！
祈求您包容他们虽有杀业，
但没有杀心；
祈求您宽恕他们求生的功过。
慈悲伟大的佛陀！

您可曾了解劳工的艰难？
一次的意外发生，
可能让他全家生活没有着落；
一次的职业病变，
可能让他倒卧在床无法工作。
慈悲伟大的佛陀！
我要为农渔劳工祈愿，
希望政府能给他们多一点优惠，
希望社会能给他们多一点关怀，
我祈愿天下所有的农渔劳工，
都能拥有福利大众的愿心，
都能发挥互助合作的美德，

更祈求您，
　加被天下所有的人，
学习农渔劳工脚踏实地的精神，
　为人类谋求幸福的利益；
学习农渔劳工纯朴敦厚的精神，
　为世界创造美好的未来。
慈悲伟大的佛陀！
请求您接受我至诚的祈愿，
请求您接受我至诚的祈愿。

图　圆性法师

065

为医护人员祈愿文

慈悲伟大的佛陀！

说来是多么的恐惧！

这个世间上的人多数都患有病苦，

　有的身体上患了老病死的疾病，

　有的心理上患了贪嗔痴的毛病。

唯有佛陀您是世界上

最伟大的医王，

您不但能助人病体康复，

　而且能助人心病痊愈。

甚至，您还鼓励我们探视病苦，

告诉我们：

　「八福田中，探病为第一福田。」

慈悲伟大的佛陀！

许多医护人员追随您的脚步，

　为人间写下了温馨的历史。

仁心仁术的医生如同佛陀一样，

克尽职责的护士如同观音菩萨，
他们忙碌的身影穿梭在病床之间，
只希望为患者带来安心；
他们不分昼夜辛苦地守护着病人，
只为了让患者早日康宁。
他们耳里听到的是病人的呻吟，
他们手里必须忙着病人的诊断；
他们眼里看到的是患者的苦脸，
他们口里还要说着安慰的爱语。
医护人员的作息无法定时，
甚至冒着感染的危险，
甚至牺牲家人的聚会。

他们一天巡视病房下来，
往往两脚酸麻；
他们一天执行手术下来，
常常疲惫不堪。
祈求佛陀加被医护人员，
让他们能拥有强健的身体，
让他们能拥有精湛的医术，
让他们的家人能体谅
他们的辛苦，
让他们的亲友能支持
他们的理想。
慈悲伟大的佛陀！

痛苦的病人将生命、健康
交到医护人员手里，
伟大的医护人员将时间、青春
奉献给了病人。
愿医护人员以及他们的家人，
都能福寿绵延，
都能平安吉祥。
慈悲伟大的佛陀！
请求您接受我至诚的祈愿！
请求您接受我至诚的祈愿！

图　圆性法师

066

为警察祈愿文

慈悲伟大的佛陀！
我要为人民的保姆——警察，
至诚恳切向您祈愿。
因为，
他们没有魁梧的身躯，
却需要具备坚毅的勇气；
他们没有强势的地位，
却需要负起安民的责任；

慈悲伟大的佛陀！
流浪街头的少年，
是警察将他们交给父母；
为非作歹的坏人，
是警察将他们绳之以法；
无辜受害的百姓，
是警察扮演保护的角色；
乡里居民的纠纷，

是警察担当协调的责任。

慈悲伟大的佛陀！
愿他们能拥有您的般若智慧，
　破解棘手难办的案件；
愿他们能拥有您的大雄大力，
　降伏顽强无知的罪犯；
愿他们能拥有您的同体慈悲，
　导引误入歧途的众生；
愿他们能拥有您的坚忍毅力，
　保有勇于前进的胆识。
慈悲伟大的佛陀！
他们在平常服勤的时候，

　不分昼夜，不分寒暑，
　坚守岗位，巡视街头；
他们在晨昏深夜的时候，
　不计身命，不计劳苦；
　赴汤蹈火，执行任务。
慈悲伟大的佛陀！
警察也是血肉凡躯，
　他们需要适当的休息，
他们需要正当的娱乐，
他们需要家庭的支持，
他们需要安全的保障。
我们祈求您的大力加被，

让他们能够智勇双全，
　为民服务；
让他们能够心力坚忍，
　保家卫国。
更祈求您庇佑我们的社会，
让人人都能伸张正义，
　打击罪犯，家家平安；
让人人都能自律守法，
　生活幸福，国家康庄；
慈悲伟大的佛陀！
请求您接受我至诚的祈愿，
请求您接受我至诚的祈愿。

图　圆性法师

067

为义工祈愿文

慈悲伟大的佛陀！
我要虔诚地向您禀告：
社会里有一群可敬的义工朋友，
为机械冷漠的时代增添了光热，
为人情纸薄的潮流注入了情义。
当别人蜂涌追求权力时，
他们默默为人服务；
当别人争执计较名位时，
他们不断付出爱心。
他们的目的虽然不是为了报酬，
却为自己赚到了功德与欢喜；
他们的愿望虽然不是为了名位，
却让自己成为最受欢迎的朋友。
慈悲伟大的佛陀！
当公余之暇，
可佩的义工们如同不休息菩萨，

有的到福利社团奉献己力，
有的到寺院道场服务大众，
当休闲期间，
可爱的义工们如同常精进菩萨，
有的帮忙照顾老人，
有的义务施诊医疗。
佛陀！伟大的佛陀！
我要为义工们祈愿，
希望他们道心不变，信念不退，
给贪婪的社会留下榜样，
给自私的行为留下模范。
佛陀！其实，

您就是义工的祖师，
您就是义工的模范。
您为了利济有情众生，
累劫精进，难行能行；
慈悲伟大的佛陀！
欲作佛门龙象，先作众生马牛。
菩萨都从义工服务中成就菩提：
阿弥陀佛是极乐净土的环保义工，
药师如来是琉璃世界的社福义工，
观世音菩萨是茫茫苦海中的义工，
地藏王菩萨是热恼炼狱里的义工。
慈悲伟大的佛陀！

祈求您的佛光加被，
我们要学习义工的精神，
希望未来在有情有义中
进步成长，
我们要发扬义工的美德，
希望未来在公理正义中
合为一家。
慈悲伟大的佛陀！
请求您接受我至诚的祈愿，
请求您接受我至诚的祈愿。

图　圆性法师

068

为工程人员祈愿文

慈悲伟大的佛陀！
我在此以感恩的心情向您诉愿，
祈求您庇佑辛劳的工程人员们。
因为，
从私人住家到公共设施，
从城乡发展到国家建设，
从休闲场所到文化殿堂，
从大楼、工厂到交通、企业，
所有攸关民生的事业，
都是依靠工程人员才能完成。
慈悲伟大的佛陀！
那些智勇双全的工程人员们，
不畏烈日当头，
不怕风吹雨打，
坚守岗位，从不退却。
他们就像是菩萨的化身，

奉献自己，利益大众。

慈悲伟大的佛陀！

工程人员辛苦备至，

有的深入漆黑的岩洞，

有的攀爬高耸的山峰，

有的肩挑沉重的砂石，

有的操控繁复的机械。

慈悲伟大的佛陀！

工程人员也是血肉凡躯，他们——

有的因积劳成疾，卧病在床，

无法完成远大的抱负；

有的因操作不慎，为公捐躯，

导致无法弥补的遗憾；

有的因际遇不佳，

遭逢经济衰退裁员失业的困境。

祈求您

庇佑所有的工程人员，

赐给他们智慧与平安，

让他们免于工作的伤害，

让他们免于世间的诱惑，

让他们免于经济的影响，

让他们免于失业的困扰。

慈悲伟大的佛陀！

祈求您

加被所有的工程人员，
　　让他们都能拥有
造福人群的精神，
　　让他们都能具备
奉献人群的美德。
慈悲伟大的佛陀！
请求您接受我至诚的祈愿，
请求您接受我至诚的祈愿。

图 圆性法师

069

为救难人员祈愿文

慈悲伟大的佛陀！
我们这个世间，
不是天灾，就是人祸；
不是人祸，就是天灾；
每次天灾人祸，
社会财物的损失，无以计数；
人命心灵的创伤，难以弥补。
慈悲伟大的佛陀！

这说明了
我们需要救苦救难的仁人义士，
我们需要慈悲拔济的善心菩萨。
您看——
地震，家园毁坏，人命无常；
台风，暴雨肆虐，屋倒山崩；
有的人遭到舟车航空的意外，
有的人发生野外登山的危险，

这时候救难人员出现，
　他们就是英雄。
救难人员们——
　有的忙着搜救伤亡，
　有的忙着安抚灾民，
　有的忙着包扎医疗，
　有的忙着运送饮食。
他们尽己所能，救苦救难；
　不计危害，赴汤蹈火。
慈悲伟大的佛陀！
救难人员的辛苦，您一定知道；
救难人员的艰难，您一定了解。

因为佛陀您在因地修行时，
您曾为了拯救五百位商人，
　不顾危险，缚贼杀敌；
您曾为了拯救森林鸟兽，
　不计疲累，衔水灭火。
佛陀！
您曾昭示我们：
「无护者，为作护者；
　无救者，为作救者。」
在这个危难重重的世间里，
由于救难人员实践您的慈心悲愿，
　布施无畏给苦难的众生，

让多灾的人间充满了温馨，
为五浊的恶世带来了希望。
祈求佛陀您
能加被他们，
　善心不退，果报无边；
　生生世世，吉祥如意。
慈悲伟大的佛陀！
请求您接受我至诚的祈愿，
请求您接受我至诚的祈愿。

图　圆性法师

070

为消防人员祈愿文

慈悲伟大的佛陀！
居住在都市里的人们，
不是怕市虎汽车的危险，
就是怕火蛇窜起的意外。
尤其，火灾迅速，骇人听闻，
所幸消防人员及时赶到，
让损失减到最低的程度。
慈悲伟大的佛陀！

那些消防人员啊！
他们一听到警报，
就立即全队出动，
有的乘坐消防车，
有的驾着云梯车，
在火窟危楼下，
他们奋不顾身，救苦救难。
他们双手顶着梁柱，

他们脚下就是火海。
有的忙着扛起龙头，从下面喷射；
有的忙着爬上屋顶，从高空灌洒；
有的忙着攀登云梯，将人救出；
有的忙着清除障碍，撬开门窗。
他们不顾火烧的危险，
他们不计祝融的无情，
　一心一意只为民众奉献；
他们有的为了助人逃生，
　自己却被烈火烧得遍体鳞伤；
他们有的为了抢救物品，
　自己却被浓烟呛得呼吸困难；

在风灾、水灾的现场，
　消防人员总是伸出援手；
在地震、车祸的灾区，
　消防大队总是出动帮忙；
有人在登山时遇难，
有人在游湖时翻船，
　消防人员闻声即来。
慈悲伟大的佛陀！
请您赐给消防人员力量，
　让灾难消弭于无形；
请您赐给消防人员勇敢，
　将危险转为平安；

请您赐给消防人员信心，
救人就是大功德；
请您赐给消防人员保佑，
苦难转为大吉祥。
慈悲伟大的佛陀！
请求您接受我诚挚的祈愿！
请求您接受我诚挚的祈愿！

图　圆性法师

071

为演艺人员祈愿文

慈悲伟大的佛陀！
在现代的社会里，
有一项值得大家重视的职业，
那就是演艺事业。
慈悲伟大的佛陀！
演艺人员为了完美动人的表现，
演艺人员为了讲究逼真的效果，
有时必须进出火窟，
有时必须攀爬岩壁，
有时必须高空翻滚，
有时必须潜入海底。
他们忍受穿古装的艰苦，
让我们看到历史人物的神采；
他们忍受拍外景的辛劳，
让我们欣赏各地的风土人情；
他们不顾观众的责骂，

扮演奸佞的角色，
　让我们了解忠奸善恶的辨别；
演艺人员在亮丽的装扮下，
　也有许多辛酸的故事。
他们有的迫于生计，
　不得不过着轧戏奔忙的日子；
他们有的基于签约，
　不得不强颜接受无理的剧本；
他们有的在公众瞩目下，
　失去了自己的隐私；
他们有的在财货名利中，
　迷失了自己的方向。

梅兰芳[1]的京剧弘扬到全世界，
李小龙[2]的功夫片扬名海内外，
凌波[3]的黄梅调赚人多少热泪，
杨丽花[4]的歌仔戏轰动东南亚，
　他们为中国人带来了荣耀！
　他们为同胞们带来了启示！
慈悲伟大的佛陀！
愿演艺人员都能为演艺生涯，
　留下丰美的历史；
愿演艺人员都能为演艺事业，
写下辉煌的篇章。
慈悲伟大的佛陀！

请求您接受我至诚的祈愿。
请求您接受我至诚的祈愿。

① 一八九四年生于江苏，是第一位将中国戏剧带到全世界的艺术家。

② 一九四〇年生，以功夫享誉影坛，曾获评二十世纪最具影响力人物之一。

③ 一九三九年生，六〇年代以「梁山伯与祝英台」掀起中国台湾地区黄梅调热潮。

④ 一九四四年生，以小生扮相迷倒观众，为歌仔戏打开另一种局面。

图　圆性法师

072

为交通人员祈愿文

慈悲伟大的佛陀！
在您的慧眼遍观十方时，
可以看到人类繁复的交通系统，
可以看到布满海陆的运输线路，
我们要特别对交通勤务人员，
表示感谢与敬佩。
因为他们善于应用这些交通系统，
促进了人类的沟通与交流；
因为他们善于应用这些运输线路，
促进了世界的进步与繁荣。
慈悲伟大的佛陀！
他们乘载着我们，
让大众实现神足通的愿望，
在大千世界尽情遨游；
他们顺利地将乘客及物品，
从这一站送到那一站，

从这一个城市运到那一个城市，
让我们享受舒适周到的服务。
慈悲伟大的佛陀！
请您看！
陆地车辆的驾驶，
必须注意突发的事故；
海上船只的航行，
必须小心应付暴风恶浪，
空中飞行的操控，
必须让机身免于气流的影响，
还有那些交通安全人员，
他们站在马路中央，
不计日晒雨淋，
不计寒冬溽暑，
只为了让车流平安顺畅，
只为了让乘客宾至如归。
慈悲伟大的佛陀！
因为有了这些优秀的交通人员，
我们才能顺利地将事务办妥；
我们才能安心地到各地旅游。
慈悲伟大的佛陀！
我们祈愿天下所有的交通人员，
都能具有安全第一的理念，
都能具有服务至上的精神，

祈愿从事交通勤务的人，都能

快快乐乐地工作，

平平安安地完成。

慈悲伟大的佛陀！

请求您接受我至诚的祈愿，

请求您接受我至诚的祈愿。

图　圆性法师

073

为海域工作者祈愿文

慈悲伟大的佛陀！
在这个世间上，
海洋扮演着复杂的角色：
她是大地的慈母，
　孕育生命的资源，
调节地球的呼吸；
但她也是易怒的君主，
随时会掀起巨浪与海啸；

因此——
我们要特别感谢海域工作者，
他们不计安危，与海洋为伴，
　维护人类的生存；
他们不顾身命，与海洋周旋，
　保障大众的安全。
从事海域工作的人员，
有的是捍卫国土的海军将士，

有的是维持治安的海上警察，
有的是利济运输的行船职员，
有的是处理危急的救难英雄，
有的是探险寻宝的潜水人员。
他们在浩瀚的海洋里，
　暗礁，可能会让他们搁浅；
巨浪，可能会把他们淹没。
在这险恶的环境中，
尽管冒着生命的危险，
他们为了人类的幸福，
　仍义无反顾地迎向海洋的挑战。
在溽暑的季节里，

　烈日将他们的皮肤晒得黝黑，
在严寒的区域里，
　冷风刮削着他们的肌肉骨髓，
尽管面对艰苦困难，
仍无怨无悔地投入大海的怀抱。
慈悲伟大的佛陀！
请让他们在涔涔汗水中，
　仍能保持心中的清凉；
请让他们在风霜雨雪中，
　仍能拥有沸腾的热血。
我们深切地祈愿海域工作者——
都能了解父母妻儿在倚门而望，

都能知道亲朋好友在祝福他们：
希望他们无论何时何地，
　都要张满信心的风帆；
希望他们无论是安是危，
　都要鼓舞奋发的斗志。
慈悲伟大的佛陀！
请求您接受我至诚的祈愿，
请求您接受我至诚的祈愿。

图　圆性法师

074

为烟花女子祈愿文

慈悲伟大的佛陀！
我要向您投诉，
烟花女子是被人轻贱的行业，
但您会知道，
　她们受的是非人的待遇，
　她们过的是地狱的生活，
慈悲伟大的佛陀！
社会大众轻视烟花女子，
认为她们生张熟李、水性杨花；
认为她们出卖灵肉、败坏风俗；
其实身为弱者的她们，
　有些是被家庭的困境所逼，
　有些是被狠心的亲友所卖，
只有极少数的人是自甘堕落。
更何况自古以来，
烟花女子当中，

也有艺能出色的才女，
也有侠骨柔情的红妆，
也有忠贞爱国的巾帼，
也有护持正法的菩萨。
义和团事件如果没有赛金花，
八国联军哪里会善罢甘休？
甚至佛陀您住世时，
庵摩罗女舍园为寺，代众请法①；
婆须蜜多权巧方便，度众离贪②。
她们虽然境遇坎坷，
却不忘喜舍助人；
她们虽然误入风尘，
却没有随波逐流。

佛陀啊！佛陀！
烟花女子在歹徒的监视下，
动辄遭到拳打脚踢，
祈求您慈悲可怜这些烟花女子，
让她们能脱离苦海，早日转业；
让她们能顺利从良，正常生活。
更希望社会大众，
都能发挥道德勇气，
协助警方打击逼良为娼的恶人，
帮助她们逃出痛苦煎熬的火坑。
让天下的男士

能矫正错乱的观念，
让天下的女性
有如姐如母的尊严。
慈悲伟大的佛陀！
请您接受我至诚的祈愿！
请您接受我至诚的祈愿！

① 摩罗园，位于中印度吠舍厘城。
② 于险难国宝庄严城，容貌庄严，已成就离欲实际清净法门，即为众生说离欲法门，以得清净。

연꽃이 피었습니다 하늘의 정성과
땅의 인연으로 어둔 진흙을 딛고 있던
꽃잎을 틔웠습니다
내 마음 가득 메도 꽃 천거 입니다
癸未 圓性

图 圆性法师

075

为汽车驾驶祈愿文

慈悲伟大的佛陀！
请求您让我向汽车驾驶员，
　说出我对他们的感谢和敬意！
慈悲伟大的佛陀！
当我们生病受伤的时候，
是他们及时地把我们送进医院里；
当我们忙碌的时候，
是他们认真地将我们送达目的地；
当我们访友旅行的时候，
　是他们熟练地为我们服务；
当我们进货出货的时候，
　是他们迅速地帮我们运载。
慈悲伟大的佛陀！
驾驶员是一群
劳苦功高的无名英雄，
他们不但要有娴熟的驾驶技术，

更要有心平气和的态度；
他们不但要做好车辆检查，
更要遵守交通规则；
他们不但要忍耐塞车之苦，
更要防备交通事故；
在今日交通发达的社会里，
马路如虎口，平地如险坑，
交通要靠这些优良的驾驶员们，
发挥自利利他的精神，
才能保障安全，
才能畅通无阻。
我们希望天下的驾驶员们
都能了解：
「不急，不急，安全第一；
不急，不急，礼让第一；
不急，不急，尊重第一；
不急，不急，平安第一！」
我们希望天下的驾驶员们
都能知道：
「让人一步路，能保百年身；
妻儿倚门望，安全驾驶归；
喝酒不开车，开车不喝酒；
疲劳不开车，开车要休息。」
慈悲伟大的佛陀！

驾驶与乘客的生命是系为一体的，
驾驶与大众的关系是息息相关的。
所以，我们要彼此尊重，
所以，我们要互相礼让。

慈悲伟大的佛陀！
祈求在您大力庇护之下，
所有的驾驶员
能顺利通畅地驾驶，
也祈求您加持所有的
乘客与驾驶员们，
都能遵守交通规则，
都能维护交通安全；
让大家都能，
「快快乐乐的出门，
平平安安的回家。」

慈悲伟大的佛陀！
请您接受我至诚的祈愿，
请您接受我至诚的祈愿。

图　圆性法师

076

为教师祈愿文

慈悲伟大的佛陀！
今天弟子来到您的座前，
特别向您报告
我们对老师的感谢。
因为有了他们的辛劳教导，
我才能够获得学问技能；
因为有了他们的指引诱导，
我才能够长养知识智慧。

我要在此发愿：
我要努力向上，
我要精进不懈，
来报答老师的苦心；
我要尽己之力，
我要奉献社会，
来回馈老师的恩德。
慈悲伟大的佛陀！

所有的老师都像蜡烛一样，
燃烧自己，照亮学生；
所有的老师都像莲花一样，
吐露芬芳，嘉惠学子。
他们将学生的成就，
看成是自己的荣耀；
他们将学生的贡献，
看成是自己的骄傲；
他们将学生的上进，
看成是自己的喜悦；
他们将学生的奋发，
看成是自己的动力。

慈悲伟大的佛陀！
请您告诉我：
浩浩师恩，何以为报？
只有祈求佛陀您慈悲地允诺我，
如果我有点滴的成就，
请都回向给我的老师与父母，
愿他们生者一切自在，
万事如意；
愿他们逝者增添功德，
往生佛国。
祈求您能加被所有的老师，
让他们能拥有您观机逗教的智慧，

让他们能拥有您行解并重的理念，
让他们能拥有您不舍一人的慈悲，
让他们能拥有您师徒同尊的胸襟。
慈悲伟大的佛陀！
再一次请求您加被所有的老师，
让他们都能拥有
作育英才的抱负，
让他们都能实践
诲人不倦的精神。
祈愿在健全的教育下，
人才能够广被天下，
社会能够祥和安乐。
慈悲伟大的佛陀！
请求您接受我至诚的祈愿，
请求您接受我至诚的祈愿。

图　圆性法师

077

为大众传播者祈愿文

慈悲伟大的佛陀！
我非常兴奋地向您报告：
现在的大众传播事业——
电讯业者好像有了「天耳通」，
电视业者好像有了「天眼通」，
报章杂志业者好像有了「神足通」，
电脑网络业者好像有了「他心通」。
慈悲伟大的佛陀！

大众传播业者，
他们对现代化有辉煌的成就，
他们对知识化有卓越的贡献，
他们对多元化有重大的影响，
他们对普及化有深远的意义。
他们的成就，
任重道远；
他们的功过，

在一念间。

慈悲伟大的佛陀！

传播业者能促进世界的和平，

传播业者能推动文明的进步。

在今天资讯爆炸的时代里，

人类要靠善良的传播业者，

提升良好的智能水平；

人类要靠杰出的传播业者，

传递精致的文化遗产。

慈悲伟大的佛陀！

我们祈愿天下的传播业者——

都能具有职业的道德，

都能尊重别人的隐私，

都能努力地摄取新知，

都能不断地改革创新。

慈悲伟大的佛陀！

我们希望所有的从业人员——

多报导世间的温馨面，

多报导社会的善美面，

多报导思想的光明面，

多报导人生的道德面。

慈悲伟大的佛陀！

大众传播业者，

他们是全民的良师益友，

不但对社会有传播的责任，
还负有教育群众的任务。
重大的政经问题，
要靠他们分析；
升斗小民的心声，
要靠他们代言。
希望在佛陀您威力加被之下，
让全体人类都能成为诸上善人，
让娑婆世界早日转为人间净土。
慈悲伟大的佛陀！
请求您接受我至诚的祈愿，
请求您接受我至诚的祈愿。

图　圆性法师

078

为邮电人员祈愿文

慈悲伟大的佛陀！
弟子要以最诚恳的心意向您诉说，
我们对邮电人员的感谢。
有了他们，
离家的游子可以解除乡愁；
有了他们，
相爱的情侣可以互诉衷曲；
有了他们，
远方的友人可以来往无碍；
有了他们，
工商的来往可以事半功倍。
他们如同桥梁，
沟通了人际的情谊；
他们如同车乘，
代替了大家的脚步。
慈悲伟大的佛陀！

烽火家书抵万金，
祈愿天下的邮电人员，
能够以邮电工作为荣，
能够以邮电事业为傲。
慈悲伟大的佛陀！
您看！
邮务士为了运送邮件，
不计日晒雨淋的辛劳，
不计恶犬呼呼地吼叫；
分拣员为了捡择邮件，
不计眼花缭乱的疲累，
不计重复动作的枯燥；
电技师为了架设电缆，
不计摔落山谷的风险，
不计雷霹电殛的危难。
断邮、断讯、断电的时候，
邮电人员必须立刻处理，
赶紧查明原因，
及时修补错误。
邮电工作和全民的幸福息息相关，
邮电事业和社会的进步密切相联。
所以更祈求佛陀您的庇佑，
希望在彼此互助之下，
天下一家的目标

能早日实现，
　大同世界的理想
能早日来到。
慈悲伟大的佛陀！
请求您接受我至诚的祈愿，
请求您接受我至诚的祈愿。

图　圆性法师

079

为资源回收者祈愿文

慈悲伟大的佛陀！
我诚恳地向您报告：
现在世界上，
充斥着资源浪费的现象；
现在地球上，
满载着废物污染的问题。
过去的人常说：
一粥一饭，当思来处不易；
一丝一缕，恒念物力维艰。
现代人却因为信手拈来，
随取随丢者比比皆是，
浪掷物品者处处可见。
幸好有默默付出的资源回收者，
将废弃物分类整理，
在垃圾堆中作功德。
慈悲伟大的佛陀！

从事资源回收的人如同
把破铜烂铁锻炼成精钢的名匠，
从事资源回收的人如同
把剩菜残羹烹煮成佳肴的巧妇。
在他们的巧手慧心下，
　腐朽转化为神奇；
在他们的善心美意下，
　废物变成了资源。
由于他们的辛劳，
　为废弃资源赋予崭新的生命，
　为陈旧物品延长使用的寿命；
由于他们的努力，
　改善了环境污染的公害，
　促进了生态良性的循环。

慈悲伟大的佛陀！
祈求您加被资源回收者，
让他们的付出得到更多的肯定，
让他们的贡献引起大众的反省，
让他们的精神成为社会的典范。
慈悲伟大的佛陀！
您曾说：「情与无情，同圆种智。」
每一件事物都具有生命的价值。
祈求您慈悲加被所有的人，
让他们都向资源回收者学习，

父母，不要嫌弃笨拙的儿女；
师长，不要舍弃难教的子弟；
主管，不要气恼愚昧的属下；
大官，不要讨厌顽愚的民众。
我们都应该向资源回收者看齐，
将不好的事物，
看成是修身养性的好因缘，
进而转化为自我奋发的动能；
将刺耳的语言，
听成是诸佛菩萨的陀罗尼①，
进而转化成慈悲喜舍的愿力。

慈悲伟大的佛陀！
请求您接受我至诚的祈愿，
请求您接受我至诚的祈愿。

① 梵语之音译，意译为总持、能遮。即能总摄忆持无量佛法而不忘失之念慧力。后世与咒混同，统称咒语为陀罗尼。

图　圆性法师

080

为阵亡将士祈愿文

慈悲伟大的佛陀！

「风萧萧兮易水寒，

　壮士一去兮不复返。」

这正是将士们出征的心情，

这正是将士们抱持的信念。

他们为了救国救民，牺牲小我，

　用生命及热血，

写下悲壮的历史；

他们为了完成任务，舍身拼命，

　用奋勇与忠诚，

谱出激昂的乐章。

他们视死如归的胆识，

足以惊天地，泣鬼神！

他们慷慨赴义的勇气，

　足以撼山岳，倾江海！

慈悲伟大的佛陀！

他们为国捐躯了。
请求您庇佑他们，
让他们的忠魂，
能够往生善处，
让他们的英灵，
能够乘愿再来，
让他们的遗族，
得到妥善照顾，
让他们的子孙，
要用忠义传家。
慈悲伟大的佛陀！
阵亡将士遗留给我们后人的，
不只是墓碑上的名字，
不只是历史上的往事。
他们的色身虽然已经消失，
但他们为国为民的精神，
将与天地日月同光。
慈悲伟大的佛陀！
祈求您的覆护，
让全体人类都能和平共存，
不要再互相争斗；
让法界有情都能彼此一家，
不要再水火不容。
希望未来的世界，

没有烧杀掠夺的魔王，
没有凶器相向的武夫；
只有慈悲喜舍的仁者，
只有长寿安乐的众生。
慈悲伟大的佛陀！
请求您接受我至诚的祈愿，
请求您接受我至诚的祈愿。

图　圆性法师

081

皈依三宝祈愿文

慈悲伟大的佛陀！
今天是我欢喜的日子，
我不再徘徊于迷途上了，
我不再执著于邪思中了，
我要真正地做您佛陀的弟子。
感谢佛陀您把我
从黑暗里带到光明的世界里来，
感谢佛陀您把我
从染浊里带到清净的道场里来，
感谢佛陀您把我
从迷执里带到正觉的佛法里来，
感谢佛陀您把我
从烦恼里带到解脱的净土里来。
佛陀！
今日在您的座下，皈依三宝——
我誓愿皈依佛，

从此不皈依外道邪魔；
我誓愿皈依法，
从此不皈依外道邪教；
我誓愿皈依僧，
从此不跟随外道门徒。
滔滔苦海内，三宝为舟航，
焰焰火宅中，三宝为雨泽，
冥冥黑夜里，三宝为灯烛，
茫茫歧途上，三宝为指南。
祈求您！慈悲伟大的佛陀！
让我能了知佛教的真理，
让我能精进地学习佛法，
让我能认识自己的责任，
让我能发心地护持佛法。
祈求您，慈悲伟大的佛陀！
让我在遭受批评的时候，
能够反省惭愧忏悔；
让我在遇到瓶颈的时候，
能够积极奋斗进取；
慈悲伟大的佛陀！
我很荣幸能成为
大圣佛陀您的弟子，
从今而后，
我知道我是三宝弟子，

我应该要懂得因缘果报，
我应该要明白苦空无常，
我应该要奉行大乘佛法，
　自度度他！
我应该要修持禅净戒行，
　自觉觉人！
慈悲伟大的佛陀！
请求您接受我衷心的祈愿，
请求您接受我衷心的祈愿。

图　圆性法师

082

受持五戒祈愿文

慈悲伟大的佛陀！
我们烦恼无明的众生，
每日放纵身口意业，
一任贪嗔愚痴横行，
贡高我慢如山，
嫉妒恶心如毒。
慈悲伟大的佛陀！
我再不修正自己，净化自己，
我就快要在生死大海中
淹没了！
伟大的佛陀！
请您让我重新做人吧！
我决心从今以后，
不再杀害别人的生命；
不再盗取他人的财物；
不再侵犯他人的名节；

　不再攻讦别人的名誉；
　不再吸食害人的毒物。
祈求您！伟大的佛陀！
让我铭记受戒初心，
　生生世世不再重犯禁戒；
愿我以此受戒功德，
　生生世世值遇大善知识。
慈悲伟大的佛陀！
我要决心地奉行，
　诸恶莫作，众善奉行；
从今以后，
我要将所受的痛苦，
　都转为逆增上缘；
我要将所流的眼泪，
　都化为修道资粮。
祈求您，佛陀！
从今以后，
让我学习不贪欲，
　安于修道的生活；
让我学习不嗔怒，
　反省自我的缺陋；
让我学习不愚昧，
　珍惜本具的佛性；
让我学习不疑嫉，

欣赏别人的长处；

愿我宽容如海，

涵容人间的风波；

愿我谦卑如地，

负载所有的净秽。

慈悲伟大的佛陀！

请听我受戒的弟子，

今日跪在您的座下，

无怨无悔地作出承诺，

慈悲伟大的佛陀！

请求您接受我至诚的祈愿，

请求您接受我至诚的祈愿。

图　圆性法师

083

献灯祈愿文

慈悲伟大的佛陀！
请您接受我呈献的一盏心灯，
远古的人类因发明火炬
而走出洪荒，
夜航的船只因灯塔照亮
而认清方向，
灯，实在是太重要了！
然而世间上千万盏的灯光，
都不及佛陀您的千万分之一，
由于您降诞于世间，示教利喜，
点亮了真理的明灯，
从此，
苦海里的众生有了得度的希望，
娑婆界的有情喜获得救的未来；
多少人从痛苦的牢笼中解脱，
多少人从热恼的火宅中超拔。

慈悲伟大的佛陀！
我现在奉献给您的心灯，
　无形无相，
它是从我法身慧命里点亮的火炬，
它是从我法身真如里燃烧的心情。
希望能够得到佛陀您的加持，
祈求我这盏心灯，
　能够照彻恒河沙数的世界，
　能够庇护三界九有的众生。
慈悲伟大的佛陀！
难陀女①所布施的贫女一灯，
　承蒙您为她授记：

　将来成佛的名号为灯光如来；
比睿山②上的不灭之灯，
　多少年来也一直燃放着光明。
今天我奉献此灯，不为自求，
　只希望大家都有
光明灿烂的未来，
　只希望大家都有
共成佛道的一日。
我要再一次祈求佛陀您的加被，
让我这盏灯能够化为无尽灯，
　灯灯相映，
　为人类点燃明日的希望。

慈悲伟大的佛陀！
在这个世界里，
还有许多人需要您：
赐给他们回头转身的明灯；
赐给他们反观自省的明灯；
赐给他们敦厚诚信的明灯；
赐给他们信心坚强的明灯。
这些都祈求您的慈光加被，
让大家都能早日点亮
心灵的明灯，
让大家都能及时找到
自我的本性。
希望大家都能光光相照，
彼此互惠；
希望大家都能灯灯相续，
尽未来际。
慈悲伟大的佛陀！
请求您接受我至诚的祈愿。
请求您接受我至诚的祈愿。

图　圆性法师

①《贤愚经》：贫女难陀诚心点灯，光明特朗，胜于诸灯。

②日本天台宗大本山，与高野山并为日本佛教两大丛林。

084

共修法会祈愿文

慈悲伟大的佛陀！
我是一个虔诚的在家信徒，
我很喜欢参加寺院的共修法会，
念佛、禅坐，
　我总是深心向往；
诸佛菩萨的圣诞，
　我都欢喜庆祝；
寺院的开光落成，
　我都非常兴奋；
梁皇、水忏，
　我时常随喜参加；
大悲忏法会，
　我更是十分喜爱。
献灯、朝山，
　我也乐于共襄盛举。
我要向您佛陀报告：

每次利用共修活动，
我都仰承您的清凉法水。
在共修法会里，
我得到禅悦法喜，
我觉得心开意解。
看到共修的师兄师姐们，
我就升起道情法爱，
我就感到法界和谐；
沐浴在共修的祥和气氛里，
人我是非，顿时抛在脑后；
无明烦恼，立刻消失无形。
我是多么喜欢法会啊！因为——

法会，是以法为会，
法会，是以法为师，
法会，是以法为轨，
法会，是以法为乐。
我们在共修法会中，
有大德长者的开示，
有善友同修的提携，
我深深感恩善缘具足，
我深深珍惜人身难得。
慈悲伟大的佛陀！
我愿遵循您的教诲，
我愿奉行您的法义，

我要发扬您喜舍利他的精神，

服务社会；

我要追随您弘法利生的脚步。

精进不懈。

祈求您以慈悲加持我们，

祈求您以智慧引导我们，

祈求您以光明庇佑我们，

祈求您以甘露滋润我们，

让我们的身体能够健康无恙，

让我们的事业能够通达顺畅，

让我们的家庭能够幸福美满，

让我们的心灵能够净化祥和，

让我们都能尊重包容，

让我们都能圆满自在。

慈悲伟大的佛陀！

请求您接受我至诚的祈愿，

请求您接受我至诚的祈愿。

图　圆性法师

085

向阿弥陀佛祈愿文

慈悲伟大的阿弥陀佛！
我每天来到您的座前，
以极为恭敬虔诚的心情，
称念您的圣号，
礼拜您的金容，
您的白毫光明照亮整个宇宙，
您的法眼有如海水一样清澈。
我们由衷地感谢您在久远劫前，
发四十八愿救度我们。
您于十劫前圆满佛道，
庄严了极乐净土。
您那里，
七宝池中莲华朵朵，
八功德水柔软清凉，
行树楼阁井然有序，
香风时来舒悦众心，

梵音妙乐处处飘荡，
奇花异鸟宣扬佛法，
衣食无缺随心所现，
诸上善人聚会一处，
每日清旦供养诸佛。

慈悲伟大的阿弥陀佛！
我要向您倾诉，
在我们这个五浊恶世里，
我们的忧苦如大海般的深沉，
我们的烦恼像蔓草般的绵延。
祈求您以慈誓摄受我，
愿我在梦寐之际，

能够见到您的金身，
能够游历您的净土，
能够得到您的甘露灌顶，
能够得到您的光明触照，
让我消除宿业，
让我增长善根，
让我减少烦恼，
让我提升愿力。
祈求您以悲心度化我，
让我在世缘已了时，
能够预知时至，身无病苦；
能够心无颠倒，正念分明。

祈求您和菩萨圣众，
手持金台，放光接引；
让所有见闻的人，
都能欢喜赞叹，发菩提心；
都能闻妙法音，获无生忍；
愿所有的众生，
都能够同生西方，永不退转。
慈悲伟大的佛陀！
请求您接受我至诚的祈愿，
请求您接受我至诚的祈愿。

图 圆性法师

086

向药师如来祈愿文

慈悲伟大的药师如来！
请您垂听我的报告，
今天世界上的苦难
实在是太多了！
政治经济的动荡，
地水火风的灾变，
往往使人们在瞬息之间，
失去了所有的一切。

那四大不调，缠绵病榻的痛苦，
即使英雄好汉也呻吟难安；
那贪嗔愚痴，烦恼丛生的业海，
有如波涛汹涌地翻滚不停。
慈悲伟大的药师如来！
我今天虔诚地——
称念您的名号，
礼敬您的圣容，

不只是祈求您能加被我个人，
更希望众生都得到您的庇护。
在这个五浊恶世里，
天灾人祸是共业所感召；
在这个娑婆秽土中，
身心疾苦是烦恼所造成。
如果要彻底消除灾难，
先得消除自己的罪业；
如果要建立琉璃净土，
先得净化自己的身心。
所以我要祈求药师如来您，
消除我们的贪婪嗔恚，

消除我们的无明斗争。
我们愿将所有善根功德，
回向法界一切众生。
更祈求您以神力加被我们，
我在您的面前也发如是清净本愿：
第一愿：愿所有众生平等自在，
第二愿：愿所做事业利益大众，
第三愿：愿惊慌恐怖从此远离，
第四愿：愿一切有情安住菩提，
第五愿：愿天灾人祸消失无形，
第六愿：愿残缺众生复健正常，
第七愿：愿病苦众生恢复健康，

第八愿：愿人际关系沟通调和，
第九愿：愿邪见众生改邪归正，
第十愿：愿受冤囚者平反冤屈，
第十一愿：愿社会大众丰衣足食，
第十二愿：愿所有众生包容尊重。

祈求您施舍大慈大悲，
让我们人间也能建设琉璃净土。

慈悲伟大的药师如来！
请求您接受我至诚的祈愿！
请求您接受我至诚的祈愿！

图　圆性法师

087

向观世音菩萨祈愿文

慈悲伟大的观世音菩萨！
请您救苦救难，
慈悲地垂听弟子的发露忏悔：
我自懂事以来，
总觉得生命不很安稳；
我在世间生活，
常感到事情不很适意。
慈悲伟大的观世音菩萨！

每当我仰望您的慈容时，
我的心灵才感到清凉自在；
每当我称念您的圣号时，
我的精神才得到解脱舒畅。
面对圣洁的您，我感到好惭愧啊！
您如海洋，我似井水；
您如日月，我似萤光；
您如山岳，我似丘陵；

您如狮王，我似小鼠。
您累劫勤苦，还要倒驾慈航；
您难行能行，还要寻声救苦。
我何人也？
我何不能！
慈悲伟大的观世音菩萨！
祈求您以弘誓摄我，
祈求您以悲愿度我。
让我能拥有您的无畏圆通，
我若向恶人，恶人自感化；
我若向暴徒，嗔怒自息灭；
我若向魔外，邪心自调伏；

我若向愚痴，当得大智慧。
慈悲伟大的观世音菩萨！
祈求您以慈云覆我，
我要学习您利济群生的精神，
用慈眼观察众生的需求，
用耳朵倾听众生的痛苦，
用美言安慰众生的烦忧，
用双手抚平众生的创伤。
慈悲伟大的观世音菩萨！
我要以您的解脱自在为榜样，
从今以后，
我要远离颠倒妄想，

观人自在；
我要远离分别臆测，
观境自在；
我要远离执著缠缚，
观事自在；
我要远离五欲尘劳，
观心自在。
慈悲伟大的观世音菩萨！
请求您接受我至诚的祈愿，
请求您接受我至诚的祈愿。

图　圆性法师

088

为三时系念祈愿文

慈悲伟大的阿弥陀佛！
我们今天来到您的座前，
参加〇〇君的三时系念法会，
我们以恭敬的心意，
赞颂您的佛国净土；
我们以虔诚的音声，
歌咏您的圣德光辉。
您所成就的极乐世界——
宫殿城阙百宝庄严，
园林清净华果茂盛，
梵音妙乐周遍国界，
诸上善人聚会一处。
慈悲伟大的阿弥陀佛！
〇〇居士一期的生命已尽，
他疲倦的心识，
不愿再乘着破车行走娑婆，

只希望找寻一处安全的地方，
作为永久的依靠。
此时此刻，唯有祈求您，
引导他来到您的佛国净土，
让七宝莲池长养他的慧命，
让八功德水涤净他的烦忧，
让行树宝网拂去他的尘劳，
让水鸟说法疗治他的创伤。
我也要劝请〇〇居士，
请你舍弃身心的执著，
请你放下爱恨的纠缠，
请你忘却过去的忧苦，

请你抛开尘世的杂念；
用一心虔诚的忏悔，
迎接阿弥陀佛；
用欢欢喜喜的脚步，
追随阿弥陀佛。
从此，安住佛国，远离轮回；
从此，净念相续，圆成佛果。
希望来日再见时，
你已花开见佛悟无生；
希望他日相逢时，
你已乘愿再来度有情。
慈悲伟大的阿弥陀佛！

我们要感恩您的教诲，
我们要感念中峰国师[1]的开示，
让我们知道「众苦不侵称极乐」，
让我们明白「自性弥陀是吾家」
让我们懂得「六根坐断莲台现」，
让我们体悟「西方净土随心生」
祈愿以此佛事功德，
回向给法界一切众生，
　让亡者速登极乐，早成佛道；
　让生者勤修三学，共证菩提。
慈悲伟大的阿弥陀佛！

请求您接受我至诚的祈愿，
请求您接受我至诚的祈愿。

① 元朝浙江人，临济宗僧，居天目山，有江南古佛之誉。

图　圆性法师

089

梁皇宝忏祈愿文

慈悲伟大的佛陀！
　无始劫来，
我们凡愚众生
不知道造下了多少恶业，
感谢佛陀您赐给我们忏悔的方法，
洗涤我们污秽的身心，
让我们得以跃出忧苦的牢笼，
　重新出发。

像阿阇世王[1]因悔罪而消除恶业，
像袁了凡[2]因悔改而所求如愿，
他们为世间留下忏悔灭罪的佳话，
　也为后人留下勇于改过的典范。
慈悲伟大的佛陀！
我们在人间的生活——
往往因眼根贪着诸色，
　做了恩爱的奴隶；

往往因耳根追逐声音，
　迷惑本性的清净；
往往因鼻根执著香气，
　染着世间的尘缘；
往往因舌根口出恶言，
　犯下无边的罪业；
往往因身根贪恋世间，
　侵害别人的所有；
往往因意根起贪嗔痴，
　积聚许多的烦恼。
种种罪恶，可谓深广无边，
至今想来，涕泪交流，愧悔无比，

只有依照梁皇宝忏的仪轨，
虔诚顶礼，披陈往昔的罪业，
祈求您放光加被，
祈求您慈悲护持，
　增上我的力量，
　坚定我的善念，
让我已作之罪，迅速灭除；
让我未作之罪，不再复造。
自今尔后，
我要学习做善事、说爱语、存好心，
　散播「三好」的种子；
我要学习讲仁义、讲道义、讲恩义，

发扬「三义」的气节。
祈愿所有忏悔善根，
悉皆回向阿耨多罗三藐三菩提。
愿法界一切众生——
业障消除，诸根清净；
无诸忧恼，快意安然；
远离畏惧，自在无碍；
共生净土，同登彼岸。
慈悲伟大的佛陀！
请求您接受我至诚的祈愿。
请求您接受我至诚的祈愿。

① 度摩揭陀国王子，因弑父自立为王而生疮，后至佛前忏悔即痊愈。
② 明朝人，困顿弃官家居。后受云谷会禅师教，精进奉行，而改变际遇。

图　圆性法师

090

慈悲三昧水忏祈愿文

慈悲伟大的佛陀！
弟子等今天匍匐在您的座前，
依照慈悲三昧水忏法①，
以戒慎惶恐的心情，
向您发露忏悔往昔的罪业。

慈悲伟大的佛陀！
无始以来，我或许曾经——
轻慢三宝，不孝父母，
杀盗淫妄，扰乱众生，
贪欲烦恼，耽着逸乐，
贡高我慢，毁谤圣贤，
谤无因果，邪见愚痴。

如今，弟子等在此求哀忏悔，
祈求慈悲伟大的佛陀哀悯纳受，
愿我们内心的痴暗，
能因忏悔的明灯而照亮；

愿我们烦恼的火焰，
能因忏悔的甘霖而熄灭；
愿我们贪欲的洪流，
能因忏悔的堤坝而阻断；
愿我们傲慢的高山，
能因忏悔的巨铲而推平；
愿我们嫉恨的刀箭，
能因忏悔的力量而损毁；
愿我们怨怼的浊水，
能因忏悔的清珠而洁净。
慈悲伟大的佛陀！
今后，我要用慈悲来美化人生，
今后，我要用尊重来包容一切。
祈求您以佛光加被我们——
让我们不要随顺恶业，
让我们不要再造新殃，
让我们不要违背因果，
让我们不要忘失信心。
祈求您以慈云覆护我们——
让我们能够解冤释结，
让我们能够不造苦因。
慈悲伟大的佛陀！
我们要感恩诸佛菩萨的慈悲，
旷劫以来，

众生迷失于罪业深渊之中，
是佛法，教导忏悔的法门，
是法水，洗涤我们的冤业。
我们要代十方大众忏悔，
让大家共乘宝筏，
同登解脱的彼岸。
慈悲伟大的佛陀！
祈求您接受我至诚的祈愿，
祈求您接受我至诚的祈愿。

① 唐朝悟达国师以三昧水洗疮而濯除累世冤业之忏法。

图　圆性法师

091

佛诞节祈愿文

慈悲伟大的佛陀！
我们在此地虔诚恭敬地礼拜，
因为您诞生到世间来了。
在春暖花开的时候，
蓝毗尼园里奇葩争妍，
迦毗罗卫国中万众欢腾，
和风吹拂芳香，
众鸟齐声歌唱，
从此人间有了光明，
从此人间有了佛法。
您一手指天，一手指地，
发出天上天下，唯我独尊的宣言。
您脚踏七步，莲花朵朵，
用清净法水洗涤娑婆尘土。
慈悲伟大的佛陀！
由于您降诞在娑婆世界，

四十九年的说法，
何止影响三大阿僧祇劫！
三百余会的谈经，
何止百千万亿众生蒙福！
慈悲伟大的佛陀！
是您，打破世间阶级的制度，
是您，宣说缘起平等的法门，
是您，开示众生佛陀的知见，
是您，唤醒广大有情的沉迷。
佛陀！慈悲伟大的佛陀！
恭逢您降诞在娑婆世界，
寺院举行浴佛典礼，
信徒全家庆祝佛诞。
这是佛子们在纪念您的恩德！
这是佛子们在感念您的福佑！
啊！伟大的佛陀！
请悲怜我福薄德浅，
只能以思念慈母的心情，
称念您伟大的圣号。
慈悲伟大的佛陀！
我用双膝跪在您的座下，
我用双手抚摩您的金身，
我奉上心香一瓣，
祝祷您佛德增辉，法轮常转。

让我与您的佛眼相应，
洞察众生之苦；
让我与您的佛口相应，
乐说妙善之语；
让我与您的佛身相应，
常做不请之友；
让我与您的佛心相应，
多行利生之事。
慈悲伟大的佛陀！
我们愿尽形寿，阐扬真理；
我们愿献身命，广度有情。

慈悲伟大的佛陀！
请您接受我至诚的祈愿，
请您接受我至诚的祈愿。

图　圆性法师

092

佛像开光祈愿文

慈悲伟大的佛陀！

今天是本寺圣像金容的开光典礼，

四众弟子们都云集在您的座前，

虔诚地向您赞颂：

「天上天下无如佛，

十方世界亦无比，

世间所有我尽见，

一切无有如佛者。」

我们看到佛陀您，

端坐金莲宝座，如如不动；

容颜和蔼安详，清净庄严。

我们也观照到佛陀您，

慈悲喜舍，神通自在；

法身无碍，遍布十方。

慈悲伟大的佛陀！

您的慈眼垂视众生的苦痛，

您的双耳善听众生的倾诉，
您的双手抚平众生的创伤，
您的法音救度众生的心灵。
慈悲伟大的佛陀！
请您安坐在宝殿上，
接受我们的心意供养，
接受我们的香花献礼。
请您护持加被，
让常住在弘法利生中，日渐昌隆，
让信者在闻法礼敬下，心开意解。
慈悲伟大的佛陀！
您的圣像金容是由许多信者赞助，

希望佛陀您保佑他们，
身体健康，精神愉快；
事业顺利，不虞匮乏；
家人平安，所求如意；
眷属和谐，护持佛法；
朋友相助，获得善缘。
慈悲伟大的佛陀！
我们更希望本道场因缘所及之地，
凡生病违和者，
能获得您的护佑，恢复健康；
凡身体残障者，
能获得您的加持，减少痛苦；

凡遭受灾难者，

能获得您的智慧，冲破难关。

祈求在您的庇荫之下，

护法信众能吉祥如意，

一切无碍；

本寺道场能法轮常转，

佛日增辉；

国家社稷能风调雨顺，

民丰物阜；

世界人类能融和欢喜，

尊重包容。

慈悲伟大的佛陀！

请您接受我至诚的祈愿，

请您接受我至诚的祈愿。

图　圆性法师

093

恭迎佛牙祈愿文

慈悲伟大的佛陀！
感谢您！
您的真身佛牙舍利
终于降临台湾了。
　是您，给我们信心；
　是您，给我们荣耀；
　是您，给我们真理；
　是您，给我们依靠。

慈悲伟大的佛陀！
我们要向您发露：
我们每日生活常常会有妄心烦恼，
我们做人处事往往不能圆满周到，
我们要仰仗您的开示，
　让大家都能免除痛苦。
我们要遵循您的教导，
　让大家都能幸福美好。

慈悲伟大的佛陀！
请加被我们，
从今天起，
让我们全民都能做到「三好」，
做好事，说好话，存好心。
我们要实践您的「三学」，
持净戒，修禅定，学智慧。
我们要去除人生「三毒」，
戒贪欲，去嗔恚，除邪见。
慈悲伟大的佛陀！
我们的家庭缺乏真爱，
我们的社会风气败坏，
我们的人心褊狭嫉妒，
我们的世界动乱危害。
希望您给我们全民信心希望，
希望您提升我们的道德人格；
让我们的人心从此善良光明，
让我们的世界从此友爱和平，
慈悲伟大的佛陀！
从今天起，
我们要体证您发现的缘起真理，
我们要遵循您倡导的五戒十善，
我们要发心成就别人的因缘，
我们要努力对社会有所贡献。

佛陀！慈悲伟大的佛陀！
祈求您的佛牙舍利，
　发挥您的慧光，
　显现您的威德，
赐予我们智慧慈悲，
赐予我们信仰力量，
　让我们明天会更好，
　让我们未来更美妙。
慈悲伟大的佛陀！
请您接受我代大众所作的祈愿，
请您接受我代大众所作的祈愿。

图　圆性法师

094

焰口祈愿文

慈悲伟大的佛陀！

由于您借面然鬼王的缘起①，

为阿难尊者宣说施食的方法，

以陀罗尼真言，

化滴水作长河之酥酪，

变微粒为大地之斛食，

于倏忽间，普济大地之饥虚；

在顷刻时，利益河沙之鬼趣。

饿鬼众生从此有了得救的希望。

慈悲伟大的佛陀！

饿鬼是最悲苦的众生之一，

在他们的世界里，

阳光已经隐没，和风不再吹拂，

土地都是荒漠，溪流充满脓血。

他们有的口吐烈焰，炽然不熄；

他们有的腹大如山，咽细如针；

他们有的口中恶臭，经常呕逆；
他们有的身毛坚利，痛苦不堪；
他们经年累月，饥渴难耐；
他们中阴为身，到处飘泊；
他们形容枯槁，人见人畏；
他们头发散乱，昼伏夜行。

啊！佛陀！
祈求您以慈云覆护他们，
让他们咽喉常开，经常饱满；
让他们减少忧苦，早日超生。
慈悲伟大的佛陀！
饿鬼道的众生也是业报所成，

他们有的是因为杀盗邪淫，
他们有的是因为口舌造业。
祈求您以佛光加被他们，
让他们明白因果，改往修来；
让他们皈依三宝，早离恶道；
慈悲伟大的佛陀！
人间也有许多心怀鬼胎的人，
他们不务正业，到处为害；
他们造谣生事，颠覆社会；
慈悲伟大的佛陀！
阴间的鬼固然要去超荐，
人间的鬼也有待度化。

祈求您加被他们，
赐给他们察觉过失的因缘，
赐给他们重新做人的机会。
希望娑婆世界也能如净土一样，
没有恶道的名称，
都是善人的会所。
慈悲伟大的佛陀！
请您接受我至诚的祈愿！
请您接受我至诚的祈愿！

① 阿难于林中习定，见一饿鬼名焰口（又称面然），身形恐怖，阿难问其故，饿鬼告以生前贪吝，故死后堕饿鬼道中，长年受饿，变是身形，备受诸苦，阿难求佛救度，佛乃为说施食之法。

图　圆性法师

095

朝山祈愿文

慈悲伟大的佛陀！
钟声划破寂静的天空，
木鱼和着梵唱的音声，
我们今天怀着恳切的心情，
来朝拜您的圣容，
来礼敬您的金身。
我们一心一意的称念圣号，
我们五体投地的顶礼佛足。

顿时，把杂念妄想抛在脑后，
顿时，把贡高我慢一扫而光。
我们的脉搏开始与您呼应，
我们的心灵逐渐与您融和。
慈悲伟大的佛陀！
和风徐徐地吹起，
香云弥漫在四周，
我们今天怀着忏悔的心情，

来朝拜您的圣容，
来礼敬您的金身。
不怕路上砂石多，
不怕途中露水重，
只怕我们的业障无法消除，
只怕我们的罪垢无法涤尽。
我们所皈依的佛陀啊！
请让我们清净身口意业，
请让我们增上戒定慧学，
让我们平安地越过苦海，
让我们顺利地到达佛国。
慈悲伟大的佛陀！

我们今天怀着慕道的心情，
来朝拜您的圣容，
来礼敬您的金身。
我们从山下拜到山上，
我们从门外拜到殿内，
我们越拜越往高处攀升，
我们越拜越近您的座前，
我们最景仰的佛陀啊！
我们愿效法佛陀的精神，
自觉觉他；
我们愿追随佛陀的脚步，
自利利人。

慈悲伟大的佛陀！
我们今天怀着精进的心情，
来朝拜您的圣容，
来礼敬您的金身。
不惧路途遥远，
不畏山径难行，
我们终于来到了您的座前，
我们终于匍匐在您的脚下。
我们所尊敬的佛陀啊！
请庇佑我们不断迎向光明，
请加持我们迈向菩提大道。

慈悲伟大的佛陀！
请您接受我至诚的祈愿！
请您接受我至诚的祈愿！

图　圆性法师

096

为出家修道者祈愿文

慈悲伟大的佛陀！
今天，您的弟子〇〇等剃除须发，
　他们，正式加入僧团了。
他们割爱辞亲，
　为求真理而力行大孝；
他们难舍能舍，
　为登净域而勇敢入道。
请加被他们尽未来际，

　发心永不退转。
从今以后，
三刀六槌、四十八单，
　将是他们必学的课业，
三千威仪、八万细行，
　将是他们必要的条件。
慈悲伟大的佛陀！
请求您慈悲加被，

让他们在大冶洪炉里，
锻炼坚强的意志，
成就菩提道心的愿力；
让他们随着晨钟暮鼓，
精进于五堂功课，
孕育庄严祥和的气质；
让他们伴着云板号令，
勤劳于各种作务，
获得千锤百炼的成长。
愿出家的僧众们
不放弃人间的责任，
愿所有的入道者

不忘记众生的福祉。
希望僧伽龙象们都能发挥所长，
有的讲课教学，教育扎根；
有的编辑写作，文化弘法；
有的住持一方，方便度众；
有的慈善救济，扶助疾苦。
舍利弗①长老监督讲堂建设，
陀罗骠②尊者负责安排挂单，
玄奘大师③横渡流沙，天竺取经；
鉴真大师④老病之躯，东瀛传教。
他们抛洒生命于无限的时空中，
他们只希望佛法能兴隆。

慈悲伟大的佛陀！
祈求您让所有的出家修道者，
都能追随古德前贤的脚步，
以六和敬安住身心，
以四摄法广度有情。
他们在修道的过程中，
或许会遇到尘缘的考验；
他们在弘法的旅途中，
或许会遭逢魔难的障碍；
祈求佛陀您能庇佑他们，
坚固自己的道心，
牺牲奉献，奉献牺牲；
难忍能忍，难行能行。
慈悲伟大的佛陀！
请求您接受我至诚的祈愿。
请求您接受我至诚的祈愿。

① 佛陀十大弟子之一，为诸众之上首，被誉为「智慧第一」。
② 佛时弟子，发心为众修造供具、安顿房舍，感得手指发光。
③ 唐河南人。译经论七十五部一三三五卷，四大译经师之最。
④ 唐代僧，至日弘法，影响至深，有「日本文化之父」之称。

图　圆性法师

097

为在家信众祈愿文

慈悲伟大的佛陀！
您曾说过：
「佛法难闻，善心难发，
国中难生，人身难得。」
身为佛子，我们感到多么荣幸！
今天我要为在家信众向您祈愿：
希望信众都能依照您的教诲，
深信因果，奉持五戒，
孝顺父母，教养儿女，
兄友弟恭，夫妻互敬，
朋友相勉，上下宽谅。
让生活的佛法能内外一如，
让人间的佛法能齐家治业。
慈悲伟大的佛陀！
虔诚的信众有如红尘中的清流，
他们有的出钱出力，庄严道场；

他们有的身心供养，利济群生。
像须达长者[1]建立讲堂，
安僧办道；
像维摩大士[2]四处说法，
弘扬大乘；
像胜鬘夫人[3]宫中开示，
佛化全国；
像玉耶女子[4]四事供养，恭敬三宝。
他们正知正见，有为有守；
他们舍身舍命，护教护僧。
裴休宰相[5]撰文著述，挽救法难；
仁山居士[6]印经兴学，文教弘法；

吕碧城[7]宣扬护生，欧美传教；
孙清扬[8]四处奔走，护法卫僧。
他们为生命留下了历史，
他们为众生留下了善缘，
他们为自己留下了功德，
他们为佛教留下了愿心。
慈悲伟大的佛陀！
我要为在家信众祈愿，
希望他们能效法前贤的风范，
应该修持三无漏学，
应该发扬六波罗蜜，
应该注重行解并重，

应该实践福慧双修。
他们在发心的过程中，
或许会遇到许多考验；
他们在信仰的道路上，
或许会遭逢许多困境。
这些都要祈求佛陀您的加被，
帮助他们坚固道念，
帮助他们冲破难关；
更祈求佛陀您的庇佑，
让他们远离烦恼，现证安乐；
让他们成就菩提，造福世间；
让僧信们携手并进，弘扬佛教；
让僧信们互助合作，共创净土。

慈悲伟大的佛陀！
请求您接受我至诚的祈愿，
请求您接受我至诚的祈愿。

图　圆性法师

① 舍卫城长者，性仁慈，怜悯孤独，好行布施，人称给孤独长者。

② 毗舍离城之佛陀在家弟子。虽在尘俗但通教法，为居士楷模。

③ 印度波斯匿王女，受父母熏陶皈依佛道，并宣说《胜鬘经》。

④ 须达长者之媳，原恃家富而失妇德，后受佛感化，奉行佛法。

⑤ 河南人，任唐朝宰相。武、宣帝之间，佛教遭难，出而翼护。

⑥ 安徽人。为清末复兴中国佛教的枢纽人物。设有金陵刻经处。

⑦ 安徽人。谙各国语文，汇欧美佛教资料成书，多种译经行世。

⑧ 民国湖南人。热心弘法，护教护僧，对近代佛教贡献至大。

098

出家众为父母祈愿文

慈悲伟大的佛陀！

我今天要以万分恭敬的心情，

来为我的父母祈愿祝福。

如果不是父母辛勤劬劳，

长养我的色身性命，

我哪里能长大成人？

如果不是父母日夜护念，

给予我的抚育教导，

我哪里能知书达理？

如今，我虽然割爱辞亲，皈投佛门，

但父母，

如山高的情义，

如海深的恩惠，

我一刻也不敢忘怀。

慈悲伟大的佛陀！

请加持我的父母身心康泰，

请庇佑我的父母吉祥如意，
请让我的父母能深信因果，
请让我的父母能发菩提心。
希望我的兄弟姊妹，
能善尽为人子女的责任，
让父母在物质上不虞匮乏。
慈悲伟大的佛陀！
我要向您倾诉：
我的父母在忙碌的人生里，
情执深重，世法难舍，
他们对家庭的顾念，
他们对子女的牵挂，

其实都应该放下。
因为，
儿孙自有儿孙福，
莫为儿孙做马牛。
他们对生活要能随缘放下，
才能自在，才能宽心。
锡兰的摩哂陀和僧伽密多①，
唐朝的窥基大师②，
都是父亲将他们奉献给佛门，
后来都名垂青史、功德巍巍。
慈悲伟大的佛陀！
我虽然资质愚鲁，

无法及于前贤的万分之一，
但我愿效法他们的精神，
努力修持，用功办道，
弘扬佛法，饶益有情。
愿以此微忱能圆满我的孝心，
更愿我的父母能生生世世，
不堕恶道，远离烦恼，
值遇佛世，听经闻法，
让他们都能在您的座下，
共结菩提道友的善缘。
慈悲伟大的佛陀！

请求您接受我至诚的祈愿。
请求您接受我至诚的祈愿。

① 印度阿育王之子，与妹僧伽密多，同为锡兰佛教开祖。

② 唐长安人，奉敕为玄奘弟子，熟习各经论，慈恩宗之祖。

图　圆性法师

099

为出家儿女祈愿文

慈悲伟大的佛陀！
我的孩子出家，
　终于成为您的弟子了。
看着他发丝剃落，
目睹他僧衣飘逸，
我的眼泪不禁夺眶而出。
佛陀啊！
您可知道，

这是挣扎与难舍的眼泪！
这是欢喜与感动的眼泪！
祈求您以大雄大力的威德庇佑他，
让他能受持您的戒法，
　永远做个发菩提心的僧侣；
让他能努力修学慧解，
　永远做个慈悲庄严的行者。
祈愿他——

从此能够尊师重道，
一心一意不要忘恩；
从此能够谦虚受教，
随缘随众不闹情绪。
慈悲伟大的佛陀！
感谢您纳受我的孩子，
让他能仰承法乳，长养法身；
让他能深入法海，汲取法味。
我虽一介凡愚，也深深知道：
僧团是陶铸圣贤的大洪炉，
僧团是造就龙象的选佛场。
慧可大师[1]立雪断臂，终获大法；
法远禅师[2]不辞屈辱，终成大器。
慈悲伟大的佛陀！
我不求孩子甘旨奉养，光耀门楣，
只求他能效法古德，兴教度众。
佛陀！千言万语，
道不尽为人父母的牵挂与期望，
今天，我既然应允他出家，
尔后，我会维护他的道业。
慈悲伟大的佛陀！
再一次地祈求您庇佑他，
赐给他刚健的毅力，
让他能受得了严峻的考验；

赐给他勇猛的信心，
　让他能耐得住求法的寂寞；
赐给他般若的神力，
　让他能熬得过内心的魔障；
赐给他坚固的道念，
　让他能经得起外来的打击。
慈悲伟大的佛陀！
请求您接受我至诚的祈愿，
请求您接受我至诚的祈愿。

① 南北朝僧，河南洛阳人。参谒达摩祖师，后为禅宗二祖。
② 宋临济僧，郑州人。住浮山以特异机法，世称「浮山九带」。

图　圆性法师

100

为神鬼灵祇祈愿文

慈悲伟大的佛陀！
我今天要为神鬼灵祇向您祈愿。
他们虽非凡夫肉躯所能感触，
但也同样生活在法界之内，
甚至，
他们曾经生于人道，
他们曾经是我们宿世的父母宗亲，
他们有的曾经是王侯将相，
或是贩夫走卒，
他们有的曾经是万贯巨贾，
或是穷苦书生，
他们有的曾经是忠良烈女，
或是英雄豪杰，
他们有的曾经是才子佳人，
或是占星卜士。
不管是善福满盈，

或是恶业缠身，
作为神鬼灵祇，
他们有喜怒哀乐，
他们有爱恨情仇，
甚至，
他们也有贪嗔疑嫉，
他们也有愚痴无明。
所以，
他们虽有神通，但不自在；
他们纵有势力，也不究竟。
慈悲伟大的佛陀！
众生皆有佛性，

众生皆能得度。
祈求您的大力加被，
让他们都能皈投在三宝座下，
忏除往昔罪业，转迷情为悟者；
超升人天善道，享受胜妙安乐；
修习佛法真谛，舍除虚妄颠倒；
获得心开意解，培植福德因缘。
像帝释天[1]因为学佛护法，
舍除恶业而上升天界；
像鬼子母[2]原本嗜食血肉，
因痛改前罪而获得福报；
像大树紧那罗[3]以音乐助佛法化，

受到万千众生的礼敬；
像大自在鬼王[4]以神力护卫众生，
得到佛陀的嘉许授记。
他们为神鬼灵祇立下了榜样，
他们为后世众生留下了美谈。
慈悲伟大的佛陀！
祈求您庇佑所有的神鬼灵祇，
让他们在您的接引下，
都能发菩提心，行菩萨道；
都能慈悲喜舍，自利利他；
都能随所在处，摄化同类；
都能坚固行愿，饶益众生。
希望未来的世间，
无诸忧苦，恶道除名，
善人聚会，净土现前。
慈悲伟大的佛陀！
请求您接受我至诚的祈愿。
请求您接受我至诚的祈愿。

图　圆性法师

① 原摩伽陀国婆罗门，因福德生忉利天，为佛教护法主神。

② 专窃食他人幼儿，皈依后，立誓为安产与幼儿之保护神。

③ 天帝执法乐神，曾率诸眷属诣佛，出微妙音，佛并授记。

④《地藏经》载：其发愿护念临终众生，受佛嘉许授记。

【跋】

刹海丞上僧

——礼赞上星下云大师佛光祈愿文

刹海丞上僧　愿力周法界
于蓝色星球中　恒转无上轮
佛之光推揽新浪潮　云之水以悲心雕日月
是谁竖起一方如来柱　上书摩诃波罗蜜多
妙觉湛海里有上僧　立下一帖一帖又一帖的祈愿文
是游子流浪漂泊的归宿　是渔人渡海码头的点灯楼
转眼春来春去春又回　瞬间花开花谢花又发
日出日落　日轮新一轮再一轮又一轮……
梦去梦回　梦里悲心祈愿恒不迁……
落叶飘飘　飘飘兮湛然不动摇
朝雾蒙蒙　蒙蒙兮云深不知几许

夜未央　一片虚碧映苍穹
歌未央　敲唱鼓击只为了系念苍生
银河里有上僧　以千足拓印现行
一双足　一双足　一双足
普门示现踩遍人间　有群星一颗一颗又一颗
在天际湍流竞奔　祈愿　祈愿
再祈愿　寂光镜中遍响无尽的满愿雄声
旷然虚空无为　怎可比量
数缘永无尽止　怎可寄心
一帖一帖又一帖的祈愿文　如夏夜的萤火虫
点燃初升的旭日　使光明遍照寰宇
银河本无涯岸　参商要如何相逢
即物以见真兮　触目万物皆相应
千世古今一往来　通观刹海丞上僧
佛光观　观佛光
有乎从幢幢华叶间出游　愿　是大海漂流的舟
行的落处　总在梦的港口凑泊

上僧一帖一帖又一帖的祈愿文　是新世纪新世界
导航的新四十二字母　佛光如日月
日月应多情　人间似星海
星海好璀璨　悟彻入空山
空山有灵雨　今觉浮云水
云水似甘露　海色澄天青
湛蓝印空明　刹海丞上僧
是天中天的人上人　棵棵闲闲桃花树
朵朵华叶蕊蕊开　有梦从念的罅缝渗漏
有悲心从不可思议的祈愿力找到出口
刹海丞上僧　高唱一首光明美丽的赞歌……
每个音符都是祝祷无尽的祈愿文　谛观天际飞行的光轮
有您巨大的足印　天授最上座
荷担最上乘
如来藏　藏如来　上僧示现在人间
灯火一盏一盏又一盏
火炬　火炬　火炬　三千火炬在云水里串成光之河

冉冉飞舞上升如一条美丽霓虹彩带　轻灵游移在人间
世间解　解世间
是您的悲心　生发沤和般若的光波
波波与苍生的心愿相通
火　传薪　授手传灯　炉灯续焰
愿　下载　云水灌露　宫商合调
上僧的愿力有时如春天的桃花开满了华枝
上僧的愿力有时如金刚种子伏藏于七重宝地
上僧的心弥虚而包罗万象　上僧的行弥虚而遍五大洲
有时凝神　退藏山河
有时回眸　遍界明明不覆藏
看那雄伟的佛之光涌现灿烂的星之云
看那智之海感应悲悯的菩萨心　一切恭敬
一心敬礼　觉悟群生
唤醒真人　光明亨通
辉耀华彩　如草木以祈甘露
总是为了增益苍生的福德

上僧一一一愿　如众彩会集以成锦绣
上僧一一一愿　如陈列群星化为无边清净的刹海
一切恭敬　一心敬礼
一切香花从草木生　一切功德海皆随祈愿力而示现
上僧愿力周沙界　顶上佛光恒转无上轮
云水三千　三千云水
祈愿文　文祈愿　尽虚空
遍法界　云千重　水千重
轻柔舒卷　外花开
星光在水　水拥星光
浑然一体　千变万化
有好风　有好雨　有好时节　上僧以海水为墨
以千山为笔锋　为天下苍生勤谱祈愿文
是悲　是智　是愿　是行
都是为了度化天下苍生　看那银河星象灿然
苍穹里行云浩浩　西方飞霞载落日
东方晨曦拥日出　您是夜空中的火炬手

一帖一帖又一帖纯粹清净的无上愿力
翱翔于无尽的法界中永不退转
愿是夜归人的指路明灯　是千年暗室里的种子灯焰
上僧帖帖祈愿文　如雷霆万钧
鼓鼓落锤　如电光密集
遍处烁天
如天悬象有日月星辰放光明
如地成形有山川草木演美景
一切都是上僧的悲心所化现
通观刹海丞上僧　愿力周遍恒沙界
于　蓝色星球中转无上法轮

愚溪　于太平洋东海岸纳风亭畔熏念堂
二〇一〇年十二月十二日

图书在版编目（CIP）数据

佛光祈愿文 / 星云大师 著. —北京：东方出版社，2012.12
ISBN 978-7-5060-5940-4
Ⅰ.①佛… Ⅱ.①星… Ⅲ.①佛教—通俗读物 Ⅳ.①B94-49

中国版本图书馆 CIP 数据核字（2012）第 296799 号

本书中文简体字版权由上海大觉文化传播有限公司独家授权出版
中文简体字版专有权属东方出版社
著作权合同登记号 图字：01-2012-8453 号

佛光祈愿文（FOGUANG QIYUANWEN）

作　　者：星云大师
责任编辑：查长莲　曹宏娜
出　　版：东方出版社
发　　行：人民东方出版传媒有限公司
地　　址：北京市东城区朝阳门内大街 166 号
邮政编码：100706
印　　刷：北京京都六环印刷厂
版　　次：2013 年 3 月第 1 版
印　　次：2013 年 3 月第 1 次印刷
印　　数：1—15000 册
开　　本：965 毫米 ×600 毫米　1/16
印　　张：26.5
字　　数：100 千字
书　　号：ISBN 978-7-5060-5940-4
定　　价：72.00 元
发行电话：（010）65210056　65210060　65210062　65210063